「慰安婦」問題の境界を越えて

連合国軍兵士が見た戦時性暴力、
各地にできた〈少女像〉、
朝日新聞と植村元記者への
バッシングについて

テッサ・モーリス-スズキ
玄 武岩
植村 隆

寿郎社ブックレット3

目次

「想起の空間」としての「慰安婦」少女像……玄武岩

歴史修正主義と闘うジャーナリストの報告
――朝日バッシングの背後にあるもの……植村 隆

ディスカッション
「慰安婦」問題と越境する連帯
……テッサ・モーリス - スズキ、玄 武岩、植村 隆　司会 水溜真由美本書は二〇一六年一〇月一日に北海道大学で行われたシンポジウム〈「慰安婦」と記憶の政治〉の記録に加筆修正したものです。

まえがき

二〇一五年一二月二八日、日韓両政府は「慰安婦」問題を「最終的かつ不可逆的に」解決することについて「合意」したと発表しました。しかしその結果は、犠牲者たちに安寧をもたらすどころか、新たな論争を巻き起こすことになってしまいました。二〇一七年に選出された韓国の文在寅《ムンジェイン》大統領率いる新政権は、「国民の多くは感情的にこの合意を受け入れられずにいる」との見解を示し、「慰安婦」問題についての新たなアプローチの必要性を強調しました。

そもそも二〇一五年の合意は、和解そのものの本質を完全に取り違えていました。和解とは、歴史を忘却して語り継ぐことを止め、「過去を克服する」ことではありえず、これからもそうであってはなりません。相争ってきた人々が一体となり、ともに記憶することこそが、和解なのです。

二〇一六年一〇月に北海道大学で開催されたシンポジウムは、「慰安婦」の歴史について、なぜ私たちは議論し、研究し、記憶を共有し続けなければならないのか、思い起こさせてくれました。「慰安婦」の歴史には多くの側面がありますが、いまだに調査も理解も不十分な状況です。近年の日本における歴史否定の動きは、生存する元「慰安婦」の方々やそのご家族にはもちろん、「慰安婦」の真実が忘れられ、埋もれてしまわないよう尽力してきた人々――本シンポジウム参加者の植村隆さんもその一人ですが――にも、深い苦しみをもたらしています。

本シンポジウムは、世界中でこうした歴史がどのように想起され、記録されているのかを検証する機会となりました。また、研究者やメディアの専門家などが、戦時における女性への暴力の歴史を、いかに深く理解していけるのか、議論するきっかけにもなりました。そして何より、この機会は「慰安婦」の歴史は単なる日韓関係の問題ではない、という事実を思い知らせてくれたのではないでしょうか。東アジアや東南アジア各地から、そして日本からも、数万人の女性たちが戦時下の軍慰安所制度のために集められ、甚だしい搾取と暴力に苦しめられました。こうした女性たちの物語はほとんど語られることなく、女性たちのトラウマは、この地域における人々の生活にまで、いまもなお影を落としているのです。

この歴史の記憶を共有し、深めていくことは、日本と韓国、そして日本とアジア近隣諸国の間で永続的な和解を追求するためにも、必要不可欠です。女性たちのトラウマを癒し、戦時の女性に対する暴力の惨禍から解放された世界を築き上げるという長いプロセスにおいても、歴史の記憶を共有することは最も重要な条件になるでしょう。

二〇一七年五月三一日　テッサ・モーリス－スズキ

アジア太平洋戦争における日本軍と連合国軍の「慰安婦」

オーストラリア国立大学教授
テッサ・モーリス‐スズキ

みなさんこんにちは。今回のシンポジウムに参加できることはとてもうれしいことです。今日のテーマは非常にむずかしいテーマですから、これを討論することを避ける大学やメディアもあると思います。けれども、とても重要なテーマですから、今日みなさんと討論できることはすばらしいことと思います。北海道大学大学院メディア・コミュニケーション研究院のみなさん、玄武岩先生に心からお礼を申し上げます。

もう一つ、植村隆先生とは以前少しだけ挨拶しただけでしたが、今日ゆっくりと話せる機会を得たのは私にとってはとても嬉しいことです。

「慰安婦」の新たな側面に光をあてる

「慰安婦」と呼ばれる女性たち――つまりアジア太平洋戦争中、日本軍の慰安所で働くために暴力を含むさまざまな手段によって徴用された女性たちの歴史は、日本と韓国の間の主要な係争問題となっています。しかしこのことは、日本と韓国の間の問題だけではないのです。むしろ、より広く人権にかかわる問題で、多くの国の女性たちが経験した苦難にかかわる問題です。

さらに広く目を向ければ、それは戦時の女性に対する暴力という世界規模で存在する問題の一部であり、悲しいことにいま現在私たちが暮らしている世界においても頻繁に生じている問題でもあります。

数年前から私は、戦時の「慰安婦」の歴史の、これまであまり顧みられなかった側面を検証しようとしています。それも当時の連合国側の史料――イギリス帝国戦争博物館、オーストラリア戦争記念館にある文書史料と証言史料を調べてこの問題を検証しています。

これらの史料の多くは戦争末期のものであり、東南アジアにおいて日本軍が連合国軍に投降しつつある時期のものです。そこにやってきた連合国軍将兵はしばしば、日本軍に「慰安婦」として捕らわれていた女性たちや、安全を求めて慰安所を逃げ出した女性たちを目撃しました。

連合国軍兵士の証言

東南アジアの戦争捕虜として日本軍に捕らえられ、収容された連合国軍兵士が、オーラル・ヒストリーのインタビューを残しています。これらの捕虜たちの何人かが「慰安婦」に出会いました。慰安所の修理や維持のために働くことを命じられた人もいました。

一九八〇年代以来、イギリスやオーストラリアの歴史研究者たちは、アジア太平洋戦争にかかわったかつての連合国軍兵士や民間人に対して、何千回ものインタビューを行い、記録するというとてつもない規模の仕事を成し遂げています。それらのインタビューにより、二〇世紀半ばのそれまで長く顧みられなかった歴史の側面について、驚くほどに豊かな記録ができあがりました。これらの記録のうち、一部のものはインターネットからアクセスできます[1]。インタビュー史料を調べると、「慰安婦」との出会いに関する重要な言及を見いだすことができます。

しかし、これらの史料にはいくつかの弱点もあります。一つは、インタビュアーたちが、概して「慰安婦」にあまり関心を持っていなかったということです。ですからインタビューを受けている人々が、「慰安婦」に関する情報を積極的に提供しようとしている状況でも、インタビュアーがさらに「慰安婦」について話を聞き出そうとすることは滅多にありません。ここでの沈黙は、連合国軍側の兵士に一般的に見られる態度を反映していると思います。

戦時においても戦後においても、中国および東南アジアにおいて日本軍の慰安所が広く存在したことは、批判の対象にもなり、また、場合によっては一種の好奇心の対象にもなりました。しかし、どちらの場合も、戦場での戦略や、連合国軍捕虜の運命と比べて、重要度の低い問題であると見なされてきました。

インドの収容所の「慰安婦」

事例を紹介したいと思います。ロンドンにある帝国戦争博物館が所蔵するオーラル・ヒストリーのインタビューには、イギリス人宣教師であったノラ・インジのインタビューが含まれています。(2) インジは、インドのデオリというところにあった日本人民間人収容所のセクション責任者でした。

これはあまり知られていない話ですが、とても悲劇的な話です。一九四一年に、シンガポールおよびマラヤに暮らしていた日本人民間人は、日本軍によるパールハーバー攻撃のあと、イギリス軍によって集められ、収容されました。日本軍が東南アジアの奥地域を侵略することが明らかになったとき、この民間人収容者のうち約七〇〇〇人が船でインドに連れられ、デオリの収容所に送られました。日本人と言っても、中には多くの台湾人――国籍は日本人――がいたようです。一九四五年に日本が降伏すると、このキャンプで収容者の一部による暴動が起き、そのときに二〇人程度がイギリスとインドの監視兵によって撃ち殺されました。

インタビューでインジは、当時の収容所司令官の行動を非常に厳しく批判しています。また彼女は、別の状況も提供しました。戦争末期において、数人の「慰安婦」がイギリス軍によって東南アジア各地で発見され、デオリの収容所に移送されたというのです。その人々は、ほかの収容者とは別の空間に収容されていた、とインジは言及しています。これらの女性が、すべて日本人だったのか、朝鮮人だったのか台湾人だったのかについては、わかっていません。それらが明らかでない理由の一つは、長い長いインタビューの中で、インタビュアーは、それらの女性に関して追加の質問を一つもしなかった、つまり、まったく興味を示さなかったからです。にもかかわらず、こうした史料は、「慰安婦」の歴史に貴重な光をあてていると思います。

「公的史料は存在しない」論の意味

これらの歴史史料の性質について、私たちがどう理解すべきかについて、少しお話しします。

歴史史料の解釈は、現在の「慰安婦」にかかわる論争の中心的な問題です。日本軍が女性たちを軍の慰安所に徴用したことを否定する人々は、しばしば公的な文書と、口述の証言とを明確に区別します。つまり、否定論者は、「慰安婦」の強制連行と監禁に日本軍が関与していたことを示す公的史料が存在しない、と主張することが多いです。しかし、そこで言われる「公的史料が存在しない」とは、日本軍および日本政府によって作られた公的な書類が存在していない、という意味で述べられています。軍の慰安所に強制的に連れて行かれたと証言している女性たちが数多く存在しているにもかかわらず、否定論者たちは女性たちの証言の信憑性は低く、歴史的な証拠として採用できない、という言い方をします。

彼らがそのような見方をするのは、おそらく歴史がいかに調べられ、いかに書かれるか、という方法への根本的な誤解に基づいているからではないでしょうか。つまりここで強調すべき最も重要な点は、書かれた記録も、口述の証言も、どちらも同じように人によって作られたものである、という当たり前のことです。つまり、人としての強さも弱さもあわせ持つ個人によって作り出されたものです。

口述証言は信用できない？

では、私たちはなぜ官僚が書いた文章は信じるべきで、普通の人々による口述の証言は信じるべきでない、と考えるのでしょうか。

官僚たちも、間違ったことを書いたり、真実を部分的に隠蔽することはあるでしょう。私は四〇年にわたって歴史研究に取り組んできましたが、ある同一の歴史的出来事に関して文書記録と口述証言を比べた際、口述証言の方が文書記録より正確だったと確認できたことがたびたびありました。

私は、どちらが正しいと言うつもりはありません。つまり書かれた史料も、口述の証言も、私たちは歴史家として、その背景や状況を考えながら評価すべきである、ということです。

そこで強調すべきもう一つの点は、どんな歴史的出来事を検証する場合においても、この出来事に関する事柄を完璧に伝えてくれるような公的文書を見いだすことは大変まれである、ということです。むしろ私たちが手に入れられるのはその多くが文書・証言・写真・映像などの断片であって、私たちはそれらを組み合わせ、過去に起こった出来事の理解に最善を尽くすことしかできません。その意味で、歴史研究は非常に大きな、そして複雑なジグソーパズルに取り組むようなものであると思います。

ジグソーパズルのピースの一つか二つを取り上げて、すべての絵はこうである、と述べることは、私たちはもちろんできません。歴史の場合も同様に、今日参照できる一つか二つの公的史料や歴史的証言を取り上げて、全体を検証し理解することは不可能です。全体がどうなっているかを知るためにはさまざまな種類の史料を並べて検証し、評価しなければならないと思います。

そのプロセスにおいてとくに重要なのは、互いに情報を共有することができなかった証言者たちの証言を比べることだと思います。たとえば、連合国軍兵士たちの証言がかつての「慰安婦」の証言と一致したり、あるいは連合国軍兵士の証言と日本軍兵士の証言が一致したりすることが歴史的証拠の信憑性を確認する上では重要です。

中国とビルマの「慰安婦」

私が検証した連合国側の戦争資料館には、文書史料・口述証言・写真・映像などさまざまな種類の史料があります。これら複数の記録を比較検討することで、「慰安婦」に関してもかなり重要な情報が明らかになってきます。

たとえば戦時アジアにおける日本軍の慰安所ネットワークの規模が非常に大きなものであった、というようなことです。つまり「慰安婦」の存在は、日本軍に占領されていた地域で暮らしていたアジアの人々の目には明らかであった、ということです。これはさまざまな証言から知ることができます。

イギリスの帝国戦争博物館の史料から、中国にいたイギリス人宣教師のレスリー・ライアルが証言した事例を挙げましょう。(3) 彼が「慰安婦」に出会ったのは、一九三八年のことでした。当時、日本とイギリスはまだ戦争をしていなかったので、イギリス人と日本には交渉する余地がありました。日本軍が河北省を新たに占領したとき、地域にあった教会を慰安所として使用するために、日本軍の司令官から接収命令が出されました。この報を聞いたライアルは日本軍士官に苦情を述べ、その結果、日本軍士官はほかの施設に女性たちを移すことに合意しました。

さらにライアルは、どんな地域でも日本軍が占領すると、日本軍は即座に朝鮮人の売春婦を連れてきた——彼は売春婦という言葉を使うのですが――と述べています。私にとって違和感があるのは、ライアルという人が、女性たちの運命にまったく関心を示していない、ということです。彼の関心は、教会の建物の運命だけでした。

もう一人、エレノア・メイ・クラークという人の興味深い証言があります。(4) クラークは、大英帝国植民地の判事と、シャン族系ビルマ人の王女の間に生まれ、日本軍がビルマを占領していた時期、ラングーン(現ヤンゴン)に女子高校生として暮らしていました。彼女は多くの朝鮮人「慰安婦」がいたことを記憶しています。

彼女の説明では、その当時ビルマ人は、「慰安婦」たちを「メイ・チョーセン」と呼んでいました。朝鮮人女

写真１　インドネシア女性26名の写真＝西ティモール、クパン

性という意味です。つまり、慰安所にいた女性たちは明らかに朝鮮から連れてこられた人々だったということです。クラークは慰安所を目撃したこともあり、多くの兵士たちが建物に出入りしていた、と証言しています。こうした戦争資料館の史料によって、慰安所のネットワークがいかに広がっていたか、そしていかに多くの女性たちが非常に長い距離を移送されてきていたかということがわかります。

東南アジアの「慰安婦」

戦争末期、ベンガル湾にあるアンダマン諸島でイギリス軍によって撮影された写真があります。その写真には、「日本軍兵士たちの「慰安婦」として働くために日本人によってマレーシアのペナンから強制連行されてきた中国人とマラヤ人の少女たち」という説明が付いています。(5) また、東南アジアのアンダマン諸島からはるか遠くに位置する西ティモール地方のクパンでも、日本軍が降伏を受け入れたときに到着した連合国軍の部隊が、日本軍慰安所で働くためジャワ島から連れてこられたインドネシア人女性二六人を見つけています。これがそのときの写真です（写真1）。日本軍は降伏の際、建物の中で何が行われていたかを隠すために、女性たちに看護婦のような格好をさせていたのです。その衣服には赤十字が付けられていました[6]。

同じような話はいくつかあり、そうした証言からわかることは、これらの女性たちは朝鮮人ばかりではなかったということです。女性たちはさまざまな国から連れてこられ、中には日本人もたくさん含まれていました。日本から強制的に、ないしは騙されて徴用された女性たちがいたことを、陸軍省の文書で私たちは確認することができます[7]。

日本軍司令部は、内地から意志に反して女性を慰安所に徴用することを禁止する命令を下してはいました。しかし、実際にこの命令が効果的であったかどうかは、私たちにはわかりません。同様に私たちがわからないのは、無理矢理慰安所に連れてこられた日本人の女性たちが、その後、どうなったか、ということです。オーストラリアの戦争記念館には、敗戦直後のボルネオで、帰国させるために集められた日本人の写真が収蔵されています（写真2）[8]。中には日本人「慰安婦」も含まれている、と説明が付いています。これらの日本人女性たちの物語は、ほとんど知られていないのではないでしょうか。とても悲劇的な話だと思います。中には中国や東南アジアなどの地で亡くなった人々もいたはずです。また、日本に生きて帰れた女性たちも、その多くはおそらく家族や友人に自らの体験を打ち明けることができなかっただろうと想像できます。

そうした「慰安婦」の歴史が持つ重要なメッセージを、連合国軍兵士や民間人の証言は補強するものでもあります。さまざまな国の女性たちが徴用され、移送され、監禁された――慰安所における状況はその地域によってさまざまであり、一つの事例を取り上げて一般化し、システム全体を説明することは不可能なのです。

写真２　帰国のために集められた日本人＝ボルネオ

「慰安婦」のやさしさ

日本軍に拘束された連合国軍捕虜が慰安所を建設したり、維持するために働かされていたことが、いくつかの事例から明らかになっています。たとえばイギリス人の連合国軍士官だったジェフリー・アダムズという人がいます。彼は、捕虜仲間二〇人と一緒に、日本軍慰安所になった温泉ホテルの手入れや掃除をするために、タイのヒンダートというところに派遣されました。その慰安所は、士官用と、それ以外の階級用に分けられていたと彼は証言しています。

また、いくつかの事例で見られる話ですが、戦争捕虜たちは「慰安婦のやさしさ」についても述べています。アダムズの言葉を引用しますと、彼女たちは彼に、「食べ物、たばこ、飲み水をほしいだけ、ときにはビールを与えてくれた」と言います(9)。ヒンダートの慰安所はかなり高級な士官用の施設で、建物自体の状況もさほどわるくなかったようです。もちろん、そこにいた女性たちがどういう体験をしていたか、私たちにはわかりません。

そことは対照的な建物の事例もあります。日本軍の捕虜となったジョン・バラットというイギリス人の連合国軍士官と、その仲間たちによって建設されたタイのもう一カ所の慰安所の事例です。バラットによれば、「竹でできた小屋が並び、長屋を建て、ほどなくして何人かの日本軍慰安婦が汽車に乗せられて、やってきた」[10]。

また、別のイギリス人の戦争捕虜、トーマス・コールズは、インドネシアのハルク島で捕らわれていた「慰安婦」たちの悲惨な状況を証言しています。コールズは、日本軍の慰安所が爆撃で被害を受けたあと、ほかの捕虜たちと一緒に修理するために派遣されたのですが、そこでの「慰安婦」たちの生活状況は衛生状態も含めて非常に過酷なものだったと証言しています[11]。そこで彼が出会った女性たちの容姿について、コールズはかなり性差別的なコメントも残しています。これも珍しいことではありません。連合国軍兵士の中には性差別的、あるいは人種差別的な証言をしている人も結構いました。しかし同時に彼は、女性たちのやさしさについてもコメントしています。コールズは、女性たちのうちの一人が彼にたばこを一本くれたとき、いかにありがたく思ったかを述べています。言語の障壁はもちろんありましたが、それにもかかわらずコールズは、慰安所の女性たちは戦争捕虜と同じように苦しい状況におかれているようだ、と証言しています。

報酬に関する証言

慰安所における状況の過酷さは、場所によって明らかに違いました。また、女性たちが報酬をどの程度受け取ることができたかも、異なりました。給金を支払われる代わりに何らかの現物で支給された女性たちもいました。しかし多くの場合、給金は日本軍票で支払われました。軍の発行する紙幣のようなものですから、戦争の終わりが近づくと、ほとんど価値のないものとなりました。また女性たちは、食品や必需品を、慰安所の経営者から非常に高い価格で購入することを余儀なくされていました。ですから、手元にお金がほとんど残らなかったというケースも多いのです。

さらに、多くの女性たちが借金を負っていました。つまり女性たちが受け取るはずの報酬は、多くの場合、すでに女性たちの親などに前払いされていたため、いくら女性たちがお金を稼いでも、それらはみな借金の返済ということになりました。

その一つの例として、連合国軍のイギリス人諜報士官であったデイヴィッド・スマイリーから報告された話を紹介します。タイのウボンにあった慰安所から逃れてきた一五人の朝鮮人女性たちの話です。

当時スマイリーは、その地域における日本軍の降伏を管理する立場にありました。慰安所から逃げてきた一五人の女性たちがスマイリーに助けを求めてきたとき、非常に驚くべきことですが、彼はまず捕虜となった日本軍士官たちに意見を求めました。スマイリーから意見を求められた日本軍士官は、「女性たちには一人あたり一万ティカル(＝バーツ)を支払ったが、それに対する奉仕を得られたとは思っていない。ゆえにその女性たちを解放したくない」と説明します。スマイリーは女性たちの借金を清算するために、公的な書類を作りました。そして女性たちに家を与え、タイの警察官に警備させました。女性たちのその後はわかりませんが、スマイリーによれば、彼女たちは自分たちの意志に反して連行されてきたということを相当詳しく彼に述べたそうです。[12] しかしスマイリーは、その女性たちをかなり侮蔑的に遇していたので、それ以上詳しくは伝えていません。

ここでその報酬について、少しお話しましょう。次のように考えている人がいるかもしれないからです。もし「慰安婦」たちが報酬を受け取っていたなら、それは彼女たちが強制されたのではなく、ほかの人と同様にただ仕事をしていただけという証拠になる、と。しかしその考え方は、明らかに誤りだと思います。つまり報酬を得ていたという問題と、強制されたという問題はまったく別の問題なのです。

たとえばアメリカのプランテーション（農園）で働かされた黒人奴隷たちの中にも、特定の技能を持つことで給金を得た人々がいました。[13] しかしだからと言って、それが、彼らが拘束を受けていない自由な労働者であったという証拠にはもちろんなりません。「慰安婦」の中には、お金やたばこなどでの現物支給を受けていた人々は確かにいました。しかしそのことで、彼女たちが強制的に徴用されたか否かは、私たちには判断できないのです。

オーストラリアの従軍画家の証言

では次に、戦時の「慰安婦」たちが、どのように戦地に徴用されたかについて史料から見ていきましょう。女性たちがどのように徴用されたかについての情報を含む記録はわずかですが、強制されて、あるいは虚偽による募集方法で、徴用が行われたことに言及するものはやはり存在します。

たとえば、オーストラリアの著名な従軍画家であったドナルド・フレンドは、日本軍部隊の投降を記録するためにボルネオのラブアンへ派遣されました。フレンドは、そのラブアンで興味深い日記を残しました。彼は、日本軍による地元の人々への暴力だけではなく、東南アジアにおけるオーストラリア軍部隊のふるまいに対しても批判的に書いています。

フレンドは、ラブアンの病院を訪れ、その記録画を描きました。かなり残酷なシーンです。病院にいた人々は、戦争末期に日本軍によってジャワからボルネオに移送されたインドネシア人たちでした。人々の多くはそのまま置き去りにされ、栄養失調などで瀕死の状態にありました。フレンドの記録によれば、人々は日本軍によってよい仕事と給料を約束されジャワからラブアンまで連れてこられました。しかし実際には、男たちは滑走路の建設に従事させられ、表向きは事務職ということで連れてこられた女性たちもラブアンに到着すると、「売春宿」に入れられたということです[14]。

戦争の最終段階の混乱期においては、女性たちはしばしば慰安所から逃れ、連合国軍に保護を求めました。それは覚悟の上の決断だったと私は思います。おそらくその女性たちは、アメリカ人やイギリス人、中国人などを敵と見なすように教えられていたはずだからです。多くの場合は言葉も通じませんでしたから、外国人の兵士から自分たちがどのように扱われるのか、まったく見当もつかなかったはずです。

イギリス士官、アメリカ情報局員の証言

そういう女性たちが感じた恐怖を少しでも伝えるために、ここでイギリス軍少佐だったジョージ・マイラー＝ホワットが書いた、戦時の体験に関する回顧録の一節を取り上げたいと思います。この回顧録は現在、イギリスの帝国戦争博物館に所蔵されています[15]。

マイラー＝ホワットの部隊は、戦争終結の少し前に、ビルマのシリアム（現タンリン）という町に到着しました。そこで朝鮮人の少女たちのグループに出会った、その若い女性たちは日本軍の慰安所から逃れてきていた、と彼は記しています。そして次のように書いています。

彼女たちは誘拐され、意志に反して実質的な奴隷となるよう強制されていた。恐怖におびえていたが、食事とお茶が与えられると、驚きと喜びを表わした。我々は、少女たちを憲兵隊に引き継がせた。通訳を通して、身の安全は保証され、以前の生活に戻ることができると伝えると、少女たちは深く感謝した。

次に、詐欺によって徴用された事例について見てみます。これは比較的よく知られているものですが、アメリカ合衆国戦略諜報局（OSS、現在のCIAの前身）の局員によって一九四五年、中国の昆明で行われた戦争捕虜に対するインタビューの記録です[16]。中国側が二五人の朝鮮人戦争捕虜を収容し、そのうちの二三人が「慰安婦」だったことがわかりました。残りの二人については、一人が通訳者もう一人は「慰安婦」の子どもでした。これらの人々は、中国南部にある日本軍の慰安所から逃れ、中国軍に投降してきました。女性たちのうち一人を除いて全員が「強制または詐欺によって」徴用されました。そのうち一五人は、シンガポールにある工場勤務を募集する、朝鮮の新聞の求人広告に応募したと話しました。彼女たちが船に乗せられたとき、そこには三〇〇人ほどの若い女性たちがいて、彼女たちは日本軍の慰安所に連れて行かれました。

「地獄の旅」

オーストラリア軍兵士のアンガス・マクドゥーガルという人の証言もあります[17]。彼は、戦争の初期に日本軍の捕虜となり、シンガポールのチャンギ捕虜収容所に送られました。そこから泰緬《たいめん》鉄道建設の労働力のために、四万人以上の人々とともに捕虜としてタイのバンポンに移送されました。その移送の旅は過酷なものでした。二八人以上が貨物列車の一車両に詰め込まれました。貨車は、そのような人数を運ぶにはあまりにも小さく、車内の温度は非常に高くなり、食べ物や飲み水が不足していました。数十年後、その体験について尋ねられたとき、彼は「地獄の旅だった」と証言しています。

マクドゥーガルはそのあと、「貨車にいた女の子たちとか、そういったことについては、知りたくないのか？」と、インタビュアーに問います。インタビュアーは驚いて、「貨車にいた女の子たちって？」と聞き返します。マクドゥーガルは次のように説明します。「戦争捕虜たちとともに、一つの車両に二五人から三〇人くらいの慰安婦がいた。彼女たちも戦争捕虜と同様に、日本軍たちによって見張られていて、同じような状況で移送された」。その女性たちは日本人ではなく、自分が思うにはマレー人・インド人・中国人・その他のさまざまな民族の人々であった、と彼は言っています。その若い女性たちは捕虜と同様に処され、同じ列車に乗り、同じ過酷な状況におかれ、タイやビルマにある日本軍の慰安所に連れて行かれる途中だったのです。

解放された「慰安婦」たちは……

連合国側の戦争資料館の記録は、これまであまり議論されてこなかった重要な問題にも注意を向けさせます。それは先ほども触れたように、戦争が終わって、捕虜と同様に東アジアや東南アジアへ移送されたこれらの女性たちは、その後どうなったのか？　ということです。「慰安婦」の徴用に関してはさまざまな議論がありますが、戦争が終わったあと、その人々がどうなったのかは、あまりよく知られていません。

これらの女性たちが戦時下、東アジア・東南アジア各方面に移送されたことについては多くの証拠がありますが、その後の消息は、日本軍敗戦とともにほとんど途絶えてしまいます。しかし英連邦諸国にある史料は、これまでほとんど顧みられることのなかった、そのことに関する事実を明らかにしています。

戦時下、インドからビルマに派兵されたイギリス人兵士ウィリアム・ウィルソンは、そこのジャングルで撃ち殺された二人の「慰安婦」の遺体を発見したと語っています。日本軍が敗走する際の足手まといになったからではないか、と彼は推察しています。[18] 先述の従軍画家、ドナルド・フレンドは、終戦前後の時期にラブアンの病院で、極度の栄養失調状態にある女性たちを発見しました。[19]

また、イギリスの帝国戦争博物館には、英連邦軍東南アジア司令部映像記録部によって撮影されたある重要な映像記録が残されています。[20] その映像には、ビルマ（ミャンマー）にある収容所で、投降した日本軍兵士たちがぼろぼろな状態で手続きを受けている最中に、五人の中国人「慰安婦」が到着する様子が映されています。女性たちは裸足で、身につけている衣服と首に巻いた小さなタオル以外のものはまったく持ち合わせていません。イギリス軍兵士から質問され、書類にサインする映像が残されていますが、その後、彼女たちがどうなったのかは明らかになっていません。

さらにまたオーストラリア戦争記念館には、一九四五年一〇月、マニラで撮影された日本人「慰安婦」の姿を映した短い映像が残されています。[21] 女性たちが、ほかの民間人とともに、連合国軍によって接収された日本の船に乗り込むところの映像です。

戦争末期、インドネシア諸島の各地に置き去りにされた、ジャワから徴用された日本人「慰安婦」の生き残りを帰郷させるため、オーストラリア海軍の船が使用された、という証言も残っています。あるオーストラリア人の乗組員は、二〇〇二年にインタビューを受け、彼が所属した艦隊の船が、さまざまなインドネシアの島々を巡って「慰安婦」をジャワへと連れ戻した、と述べています。[22] 彼はまたこうも付け加えます。「最近になって、あの女性たちが話し始めたこと、あれはまさに真実なのだ。彼女たちは島々にあった売春宿に閉じ込められていたのだ」と。

この日本軍の慰安所システムを、どのように比較し、歴史的観点から検証すべきか、という大きな問題も残っていると私は思います。

戦時性暴力研究の第一歩を

イギリス、オーストラリアの戦争資料館の史料から、もう一つの事実が明らかになります。それは、連合国軍兵士たちも、東南アジアやそのほかの地域の売春宿を訪れたということです。つまり、アジア太平洋戦争中、イギリス軍やオーストラリア軍は、日本軍の慰安所のようなシステムを運営しませんでした。しかし連合国軍は、兵士たちにその地域の売春宿に赴くことを、程度はいろいろながらも、許可しました。[23]

英語圏の研究者たちは、この歴史の検証をまだ十分に行っていないと思います。とくに、そういうところにいた女性たちの経験は、まったく研究されていません。アジア太平洋戦争の終結から七〇年以上の歳月が流れました。しかし私たちは、戦時の女性たちに対する暴力という問題を乗り越えるための最初の一歩さえ、まだろくに踏み出せていないのです。

このような暴力がいまも中東やアフリカの一部の地域などで日々生じていることは、悲しい現実です。日本とアジアのほかの国々、また世界中の国々も、迅速によりよい未来を築くための貢献を行う必要が、確かにあります。しかし、それが可能になるには、多くの軍によって、ふるわれた性暴力の歴史に向き合い、その教訓を心に刻みつける必要があると思います。

もちろん日本軍は、アジア太平洋戦争において、性暴力をふるった唯一の存在ではありません。しかし、日本軍の慰安所システムは、非常に大規模で、広範囲に及んでいました。多くの女性たちに、多くの苦難を引き起こしたのは事実です。その中には朝鮮・中国・東南アジアの女性たちのほかに、もちろん日本人女性たちもいました。ですから日本は、戦時の女性への性暴力というこの問題への解決策を実現するための、重要な役割を果たせる国であると私は信じています。しかし、それを日本が行うためには、日本政府と日本国民が、「慰安婦」たちの歴史に関する真実を、真摯に認め、その事実を現在の世代、そして未来の世代へと伝えていく必要があると思います。

日本が過去に向き合うという務めは、イギリス・アメリカ・オーストラリア・韓国などほかの国々が、自軍の性暴力の記録を検証することによって、より実行しやすくなるのではないかと思います。アジア太平洋戦争の間、またその後に、アメリカ軍および英連邦軍が利用した売春宿へ連れられ、働かされたアジアの女性たちの経験は、より広く知られるべきであるし、もっと研究されるべきだと思います。
あまりに長い間、私たちは、性暴力を受けた女性たちの戦時の体験を、見て見ぬふりをしてきました。よりよい未来の探求は、みなさんが歴史に真摯に向き合うことから、始まるのではないかと私は考えます。

質疑応答

質問　日本の「慰安婦」制度と、イギリス軍・オーストラリア軍のそれとの比較研究は可能でしょうか。

テッサ　非常に重要な質問です。むずかしい問題です。比較することは可能だと思いますが、かなり注意深く比較する必要があります。非常に簡単に説明しますと、一つには、軍の元に組織された慰安所制度と、そうではない制度、というシステムの違いで比較ができます。軍によって組織化された制度は、日本だけではありません。イギリス軍の場合、二〇世紀前半、長期にわたってではなかったと思いますが、インドで軍による「慰安婦」制度がありました。しかし、アジア太平洋戦争のときにはありませんでした。フランス軍にはかなり長い間、軍の「慰安婦」制度がありました。
イギリス軍・オーストラリア軍のアジア太平洋戦争間の歴史を考えますと、軍の制度はありませんでしたが、軍司令部は、兵士たちが地元の売春宿を訪れていることを把握していました。場合によっては、士官が売春宿を回って、どういう状態かを調べています。そこにいた女性たちの状況を私たちは十分に知ることはできませんが、やはり搾取され、場合によっては詐欺によって売春宿に集められた可能性もあると思います。

そういう側面から、日本軍の慰安所との比較も可能であると思います。

戦時中の日本軍の慰安所制度には、二つの特徴があったと思います。一つは、とても広範囲にわたって組織化されていたこと。もう一つは、女性たちは詐欺などの手段で徴用され、非常に長い距離をはるばる移送されたことです。日本の敗戦後、多くの女性たちは遠い移送先で置き去りにされました。その点では、やはり他の国とは異なる歴史だったと思います。とは言え、こうした比較は重要だと思います。今後、このような歴史を繰り返さないために、さまざまな軍の政策を調べるべきである、と私は思っています。

質問　お話、どうもありがとうございました。今日のお話に関して、テッサさんが日本政府や外務省など公的機関からの聞き取りを受けたことはありますか。あるいは国連や国際司法裁判所などの国際機関から、今日うかがったような証言を伝えるように要請されたことがありますか。

テッサ　それはありません。日本政府は、こうした史料や証言を集めていないと思います。国連もあまり集めていないと思います。これらの内容は、さまざまなインタビューの中から偶然に出てきたものです。同様の証言はおそらくもっとあると思います。とくに今日ご紹介したのは軍人や元捕虜の話が多いのですが、東南アジアの民間人が、慰安所などに関するさまざまな情報を持っているはずです。もちろん、戦争を経験した方たちはみなさん高齢化されていると思いますけれど、まだそういう記憶を持っている地元の民間人はたくさんいると思います。ですから、こういう研究をもっと進めるべきだと私は思います。

質問　軍と「慰安婦」の関係について、「慰安婦」を肯定的に論じる人の中には、軍とは「慰安婦」を必然的に伴うものだ、という説があります。もし伴うのであれば、「慰安婦」についての問題を批判していくことは軍についても批判していくことになりますか。

テッサ　これも難しい問題ですけれど、究極的には、戦時の性暴力を止めるための最善の方法は戦争を止めることだと思います。軍がなければ、軍「慰安婦」の問題もないはずです。しかし軍がなくなるということは、近い将来にはないでしょうから、軍が存在している間どうするかを考えますと、歴史をもっと研究すべきだと思います。

軍の性暴力については、さまざまな歴史があったと思います。これはもっと調べるべきテーマだと思いますが、私はたとえば中国の歴史が興味深いと思っています。一つ例を挙げますと、イギリスの帝国戦争博物館には、中国に渡ったイギリス人の証言がかなりあります。証言を見ると、国民党が支配していた地域には広い範囲に売春施設があった、ということが述べられています。[24] しかし、内戦時と内戦直後には、共産党軍は売春施設の廃止に比較的成功していたようです。[25] 共産党軍は、女性たちのために新しい仕事を探すといった政策を導入しました。いまの中国軍がどうかはわかりませんが、その当時は、中国の中の状況が大きく変わりました。そうした歴史的事例をもう少し学ぶことができれば、軍の中での性暴力、性搾取を排除する方法は、あるはずだと思います。

注

（1） Imperial War Museums, http://www.iwm.org.uk/, Australian War Memorial, https://www.awm.gov.au

（2） Norah Newbury Inge (Oral history), 1984-11-05, IWM, 8636.

（3） Leslie Theodore Lyall, (Oral history), 1986, IWM, 9242, http://www.iwm.org.uk/collections/item/object/80009032

（4） Eleanor May Clarke, (Oral history), 1996-5-16, IWM, 16671.

(5) Imperial War Museum photo, "Chinese and Malayan girls forcibly taken from Penang by the Japanese to work as 'comfort girls' for the troops". Photographer E. A. Lemon; IWM SE 5226.

(6) Australian War Memorial, photographic collection, AWM, 120082 and 120083 (photographer K. B. Davis).

(7) 女性のためのアジア平和国民基金編『政府調査「従軍慰安婦」関係資料集成２　防衛庁関係公表資料（上）』、龍渓書舎、pp5-9、http://www.awf.or.jp/pdf/0051_2.pdf

(8) Australian War Memorial, photographic collection, AWM, PO2919. 039 (Donor R. Fullford).

(9) Geoffrey Pharaoh Adams (Oral history), 1982-3-1, IWM, 6042, reel 6, http://www.iwm.org.uk/collections/item/object/80005870

(10) John Allan Legh Barratt, His Majesty's Service, 1939-1945, Manningtree, Status, 1983, p. 22.

(11) Thomas Robert John Coles (Oral history), 1996-5-21, IWM, 16660, reel 2.

(12) David Smiley, "Irregular Regular", Michael Russell Publishing Ltd, 1994, p. 167.

(13) Charlotte Hodgman, "Slave labor", 2011-4-4, History Extra, http://www.historyextra.com/qa/slave-labour

(14) Donald Friend, Discription of "Javanese slaves in native compound sick ward", 1945, AWM, ART23229, https://www.awm.gov.au/collection/ART23229

(15) George Mailer-Howat, "Extract from George Mailer-Howat's Memoirs (1942-45)", n.d., unpublished, IWM, Documents.22637.

(16) Office of Strategic Services, "Field Station Files, Kunming Reg-Op-3", records group 226, entry 154, box 185, National Records and Archives Administration, College Park.

(17) Angus McDougall (Oral history), 1984-7-18, AWM, S04083, https://www.awm.gov.au/collection/S04083

(18) William "Tug" Wilson (British NCO, served with 16th Assault Regt, Royal Artillery in India and Burma, 1941-1945), oral history interview, 14 February 2000, IWM, 20125, reel 4.

(19) Ian Britain ed., “The Donald Friend Diaries: Chronicles and Confessions of an Australian Artist”, Melbourne, Text Publishing, 2010, p. 146; Australian War Memorial art collection, item ART23229.

(20) SEAC Film Unit, “Japanese Prisoners of War at Penwegon”, 1945-7-30, IWM, JFU 284 and 285.

(21) “Evacuation Japanese civilians, Manila”, 1945-10-13, AWM, F01352, https://www.awm.gov.au/collection/F01352

(22) Francis Stanley Terry (Oral history), 1995-7-27, AWM, S01794.

(23) Smiley, “Irregular Regular”, ibid. pp. 160-161.

(24) Gordon Douglas Turner (Oral history), 1984-7-24, IWM, 9338, reel 11, http://www.iwm.org.uk/collections/item/object/80009127

(25) Anthony Curwen (Oral history), 1987-5-18, IWM, 9810, reel 7, http://www.iwm.org.uk/collections/item/object/80016710

「想起の空間」としての「慰安婦」少女像

北海道大学准教授
玄 武岩

少女像を訪れる人々

二〇一五年一二月の日本軍「慰安婦」問題に関する日韓合意は、韓国では非常に受けが悪いものとなっています。とくに、合意が少女像の撤去を前提にしていることが伝わると、反発する学生たち、市民たちが現地に駆けつけました。人々の抗議行動はいまも続いています。まずは写真をいくつか、みなさんにご覧いただきたいと思います。

写真1はソウルの日本大使館前の少女像です。**写真2**のように多くの人が少女像を訪れます。ソウルだけでなく地方の中高生たちも多数訪れていて、少女像を守る大学生たちと交流する様子がよく見られます。そして集会に参加します（**写真3**）。水曜デモ[1]は、以前にも増して人が多く集まるようになっています。とくに学生たちは、いつ撤去されるかわからないと警戒して、夜中に雨が降ってもビニールシートを張って現場を守っています。**写真4**は深夜一二時の状態です。寒い冬も、猛暑の夏も――とくに二〇一六年の夏は猛暑が続いたのです――どんな天候でも、学生たちがつねに少女像を見守っている状況が続いています。

少女像は、「慰安婦」に対する国民的記憶の表象となりました。過去と現在、支配と抵抗、記憶と忘却などが交錯する日本と韓国の歴史認識をめぐる対立の中で、韓国における集合的アイデンティティを確立するための「想起の空間」がここに形成されているのです。

少女像への批判

日本政府は、韓国政府に少女像を撤去するよう求めています。そもそも日本政府は、「慰安婦」動員の「強制性」を裏付ける史料が見当たらないと言い、ひいては証言に信憑性がないと言って、日本軍「慰安婦」の存在を否定しようとしています。一方の韓国でも、文学研究者の朴裕河《パクユハ》が二〇一三年に韓国で出版した『帝国

写真1　ソウルの日本大使館前の少女像

写真2　中高生も多数訪れる

写真3　水曜デモの日の集会

写真4　深夜の日本大使館前。ビニールシートを張って現場を守る。

の慰安婦』[2]で、少女像のイメージを批判しました。いま「慰安婦」少女像は、存在の危機、表象の危機、という二つの危機にさらされているのです。日本政府の求める少女像の撤去が、記憶の抹消をはかるものであるなら、朴裕河が行う少女像の表象への攻勢は、少女像の聖性剥奪のもくろみであると言えましょう。朴裕河は『帝国の慰安婦』で「慰安婦」動員に関する「強制性」を否定して、少女像が表象しているものは歴史的事実とは違う虚像であるとしているからです（後述）。と同時に、「慰安婦」の記憶が韓国の反日ナショナリズムによって構築されているとして、日韓双方にとって「慰安婦」問題を解決する上で最大の障害が少女像である、と少女像批判を展開しています。

『帝国の慰安婦』は日本の論壇で高く評価されました。それが日本政府の撤去要求を表象のレベルで後押しし、日本軍「慰安婦」の「強制性」を形骸化した歴史の構築にも、影響を及ぼしています。その意味でこの本は、少女像の撤去を求める日本政府にも劣らない、重大な役割を担っているのではないかと思います。

植民地支配の記憶、反日ナショナリズムの象徴

二〇一一年一二月、一〇〇〇回目の水曜デモを記念して「慰安婦」少女像は建立されました。正式名称は「平和の碑」、通称「平和の少女像」と呼ばれています。少女像は、ソウルの日本大使館を凝視しています。

建立以来、少女像は、「慰安婦」問題の解決に向けた闘いの象徴となってきました。およそ一二〇センチの可憐なこのブロンズ像は、ぎゅっとにぎりしめたその拳から固い意志が伝わってきます。しかし足元を見てみますと、地にしっかりと足を付けておらず、不安をにじませています。

国家暴力によって悲惨な境遇を強いられ、人生を翻弄された元「慰安婦」が自らの体験を語ろうとしても、周囲の冷たいまなざしにさらされなければなりませんでした。少女像には、「慰安婦」問題が歴史の表舞台に

浮上するまでの、長きにわたる沈黙の時代から、被害者の尊厳の回復に向けた闘争の時代までもが凝縮されています。韓国国民が植民地支配の記憶を共有する上での、訴求力と波及力を兼ね備えていると言えます。

いずれ消えゆく元「慰安婦」の身体は、時間と空間を超越する少女像として、よみがえりました。少女の影はハルモニ（おばあさん）をかたどっていたます。少女像は、老躯をおして、水曜デモに駆けつける元「慰安婦」の分身として、過去と現在、生と死を結びつけ、彼女たちが世を去っても、この闘いが終わらないことを予告しています。

一方、日本の為政者からすると、少女像は「反日ナショナリズム」の象徴でもあります。少女像が、「慰安婦」問題を象徴するモニュメントとして定立することで、日本軍「慰安婦」の記憶も再構築されます。日本大使館に向かって叫ぶ高齢の元「慰安婦」は、「少女」となって「純潔性」の明確な輪郭を持ち、それが「慰安婦」動員の「強制性」を確固たるものにしているのです。

少女像は「慰安婦」ではない？

ところがこれに対して朴裕河は、『帝国の慰安婦』で少女像のイメージを批判し、「大使館前の少女像は本当の慰安婦とはいえない」と言って議論を巻き起こすことになりました(3)。

歴史が記憶を破壊して、抑圧することを警告したフランスの歴史家ピエール・ノラの「記憶の場」というプロジェクトがあります。これは、実証的な歴史的事実と、生きられた記憶、つまり実際に体験した記憶の二つを対立的にとらえます。必ずしも実証できることだけが事実を、真実を表わしているのではない、ということで、建造物や記念碑、映像や口承資料など、集合的記憶（集合的記憶とは、個人の記憶よりも、共同体など集団によって共有されている記憶のこと）を表象する場を分析して国民意識の形成と変容について探るのです。簡単に言いますとそういう歴史学研究のプロジェクトです(4)。

このピエール・ノラに言わせれば、「文書によって確認できない」「慰安婦は少女ではない」として「慰安婦」の動員における「強制性」を否定することは、元「慰安婦」の、生きられた記憶の破壊につながる、ということになります。

ただし、記憶と歴史との対立的な構図だけでは、少女像の歴史的・政治的意味を十分に把握することはできません。忘却に抗して意味を再構築し、自分たちのアイデンティティを根拠づけ、生活を方向づけ、行為を動機づけることが求められるのです。そのために過去を照らし出す空間を、ドイツの歴史家アライダ・アスマンは、「想起の空間」と呼んでいます(5)。

この「想起の空間」に注目することで、少女像の記憶のポリティクスを「過去の事実を実証的に再構築することを目的とした」歴史的表象をめぐる対立ではなく、「特定の記憶を生み出すのに適したテクストの選択と特権化、つまりは正典化を進めて記憶を維持する」――そういう言説的実践として、とらえることができるのではないかと思います(6)。

碑石から少女の姿へ

少女像が「慰安婦」問題の象徴となったのには経緯があり、それが「少女」であったことが大きいのは確かでしょう。ただ少女像が「少女」になったとしても、当初から「純潔性」を打ち出して、「強制性」を際立たせることを意図したわけではありませんでした。

元「慰安婦」や支援団体が当初想定していたものは、「黒い石に白い文字を刻んだ小さな碑石」でした。ところがその「小さな碑石」に対してさえ、日本政府の圧力がかかり、韓国政府からは保留を要請され、設置がむずかしい、ということになりました。そうした圧力に屈せず、日本大使館を見つめ返す、そういう強靭さが求められることになり、日本を叱咤するには「アクションが大きい」「激情の」ハルモニが適格と考えられました。

少女像の製作を依頼されたのは、彫刻家のキム・ウンソン／キム・ソギョン夫妻でしたが、そこで妻のソギョンは、失われたハルモニたちの少女時代に思いをはせて、碑を「少女」の姿にすることを提案しました。「慰安婦」にされたのは、もちろん「少女」のみではなかったのですが、話を聞かせてくれた元「慰安婦」の証言を参考にして、「一三歳から一五歳」の年齢を設定したと言います。

こうして建立されたのが、「平和の碑」と題される「慰安婦」の少女像でした。最初は、「慰安婦」のシンボルというより、小さなマスコットのような姿でしたが、やがて等身大のリアルな姿になり、身体の一つ一つに歴史的・政治的表象がしつらえられることになります(7)。

集合的記憶の結晶

ここで重要なのは、少女像を「慰安婦」の象徴として共有せしめる記憶の社会的な枠組みがどのように形成されたのか、ということではないかと思います。近年、歴史記述の方法として取り入れられている集合的記憶論は、「記憶の社会的枠組み」に適合するものだけが記憶され、その準拠枠に適合しないものは忘れられる、という想起の行為の過去に対する能動的で選別的な再構成の作業に注目しています(8)。

元「慰安婦」の記憶が語られたとき、忘却は打ち砕かれ、植民地支配の「恥辱」は戦争犯罪、人権侵害という新たな「社会的枠組み」に再編されることになりました。そして、それまでの集団の思考様式や自己像という準拠枠は破られ、元「慰安婦」が自ら、「過去の出来事を時間と空間において位置づけ、物語の構造を与え、意味を付与し、想起する」[9]ことをソウルの日本大使館前で展開したわけです。つまり少女像は、記憶の破壊と忘却への抵抗装置として再構築された、集合的記憶の結晶である、と言えるのではないかと思います。

『帝国の慰安婦』の少女像批判

朴裕河は、『帝国の慰安婦』の中で少女像を次のように批判します。

> 記念碑は、性労働を強制された慰安婦でありながら、性的イメージとは無関係に見える可憐な「少女」の姿である。つまり、大使館の前に立っているのは、慰安婦になった以後の実際の慰安婦というよりは、慰安婦になる前の姿である。あるいは、慰安婦の平均年齢が二五歳だったという資料を参考にするなら、実際に存在した大多数の成人慰安婦ではなく、全体のなかでは少数だったと考えられる少女慰安婦だけを代表する像である。[10]

ここで朴裕河は、少女像が、「慰安婦」の日本帝国への「協力の記憶を消し、抵抗と闘争のイメージだけを表現」しているとして、「結果的にそこには〈朝鮮人慰安婦〉はいない」と断言しています。[11]「慰安婦」になる前の「少女」のみを記憶する少女像は、「慰安婦」を「民族の娘」というあるべき姿にとどめおくものだとして、「抵抗と闘争のイメージだけを表現する少女像」に仕立てる韓国側の記憶の仕方を厳しく問うのです。

抵抗ナショナリズムの化身

韓国では、「慰安婦」の声と記憶が抵抗のナショナリズムによって導かれ、抵抗の歴史のみを選別的に記憶し、帝国秩序へ包摂された事実を忘却している、と朴は言っています。このように、少女像としてのイメージの転覆を試みるのも、韓国における「反日ナショナリズム」批判の一環として、読み取ることもできなくはありません。

ただ、「慰安婦」の「少女」イメージついては、少女像の誕生以前からその「純潔性」の有無、すなわち「処女か売春婦か」「強制か自由意志か」という基準によって、被害者側の女性を二分する、という問題意識はすでにありました。日本や韓国のフェミニズムは、こうした認識を内在的に批判してきたのです。[12]しかし、「純潔性」や「強制性」を批判したからと言って、少女としての「慰安婦」を否定しているわけではもちろんありません。また、朴は「慰安婦になった以後の実際の慰安婦というよりは、慰安婦になる前の姿」だとして「少女」としての物語を解体しようとしますが、その試みが「慰安婦」の重層的なイメージに結びつくとも限りません。

少女像の物語が何を隠蔽し、何を排除しているのかを明らかにするには、それを駆動する内的動力と拡充する推進力の仕組みを読み解かなければ空疎になります。ところが朴の言う「記憶」は、ただ隠蔽されたものを暴露する、すなわち少女像を韓国の抵抗ナショナリズムの化身として完結させるために用いられているように思います。

誰の記憶か?

朴裕河は、「植民地支配と記憶の闘い」というサブタイトルを付けた『帝国の慰安婦』の中で、「風化する記憶」「記憶の選択」「記憶の戦い」「再生産される記憶」「公的記憶」など「記憶」という言葉を多用しています。この本が記憶論を念頭においているのは明らかです。

しかし朴裕河の議論は、歴史学においても重視されている記憶論をふまえているとは思えません。集合的記憶論は、「記憶の社会的枠組み」に適合する記憶のみを能動的・選別的に想起する行為のプロセスを認める、ということは先ほど申し上げました。そうすると、過去が「能動的・選別的に再構成される」こと自体を前提条件とするので、それを批判したところでまったく意味をなさないということなのです。

「記憶」というコンセプトでは、言うならば、「何が」ではなく「いかに」が問題になってきます。想起される過去ではなく、想起の行為が遂行される現在に関心が向けられることになります。つまり、過去が実際にどうだったのか、あるいはどうであるべきかではなく、いかなる過去が、その都度の現在において、だれによって、どのように、そしてなぜ想起されるのか。誰の過去のヴァージョンが記録されて伝えられるのか、あるいは忘れられるのか、が問題なのです[13]。ところが朴裕河は、「平和の少女像」を、「能動的・選別的に再構成」された韓国のナショナリズムの必然的帰結であると見なして、あるべき姿としての是非から、平和ではなく不和のみを作り続ける「怨恨の記憶」だとして断罪します[14]。

すべては反日ナショナリズムへ

朴裕河は元「慰安婦」の証言に食い違いがあることを、被害物語だけが流通することにあやかった結果だとし、「能動的・選別的に再構成」される元「慰安婦」の自己表象へと「非難」の矛先をずらします。その矛先は「ピュアな被害記憶だけを残そうとする」欲望＝民族言説に向けられます[15]。「非難」すべきは民族言説という「欲望」よりも、それを胚胎させた過去と未来の構造であると述べるものの、その構造こそが韓国の抵抗ナショナリズムにほかならない、ということなのです。

こうして、朴裕河が『帝国の慰安婦』で展開する「記憶」は、構築主義的ではなく、韓国の「反日ナショナリ

写真５　少女像＝水原

ズム」批判という目的論へと収斂します。そこでは、少女像という「想起の空間」が形成される過程や、そこに作用する諸力のせめぎあいの状況は、死角に追いやられるか意図的に無視されています。したがって、日本軍「慰安婦」をめぐる韓国の「公的記憶」も、抵抗ナショナリズムに導かれて予定調和的に現れたものに過ぎない、ということになるわけです。

そこでは、アメリカの歴史学者ジョン・ボドナーが、アメリカのベトナム戦没者記念碑をめぐる記憶のポリティクスを通して示した、「公的記憶」を構成する「公式の記憶」と「個別民衆的な記憶」との間の緊張関係というものがまったく見えてきません。『帝国の慰安婦』では、「慰安婦」の「公的記憶」は公式の記憶と個別民衆的な記憶とが一体化し、「反日ナショナリズム」に完全にとりこまれている、というわけなのです。

歴史についての問いが記憶という言葉で語られるとき、研究者たちは歴史的知の内容だけで

写真６　少女像＝城北区（ソウル北部）

はなくて、その知がアクセスされるプロセスも問わなければならない、と言われています。(16) しかし同書では、その複雑なプロセスは簡単に「反日ナショナリズム」として片付けられているのです。

拡散する少女像

もちろん、「慰安婦」少女像にまったく問題がない、とは私は思っておりません。「慰安婦」が「少女」として、「能動的・選別的に」表象され記憶されることを問いただすならば、日本大使館前の少女像を踏襲する「平和の碑」が各地に建立され続けていることに、目を向ける必要があります。

少女像は韓国内に現在七〇カ所以上設置され、いまでも増え続けています。さらにアメリカに三カ所、カナダに一カ所、オーストラリアに一カ所、中国に一カ所設置されています（二〇一七年六月現在）。少女像ではない記念碑を含めると、

写真７　少女像＝梨花女子大学前

写真８　少女像＝フランシスコ教育会館前（ソウル中心部）

写真9　少女像＝済州島

写真10　少女像＝釜山の日本総領事館前

写真11　少女像と元「慰安婦」像＝ナヌムの家

その数はさらにふくらみます。

各地の市民団体や学生グループが、地元から「慰安婦」問題の解決に向けて声をあげ、「平和の碑」を設置していますが、その多くは日本大使館前の少女像と同じか、そこから派生したものが多いのです。ところが、少女像の建立が地域民の総意に基づかず、有志によって競争的に進められ、設置場所をめぐって住民同士の軋轢を誘発したり、同じ地域に異なる二つのモニュメントが建てられたりすることも、実際にはあるのです。

日本大使館前の少女像は、日韓の「慰安婦」問題をめぐる確執から生まれました。各地に像の建立が相次いだのも、日韓の歴史問題・領土問題の対立が激化したからです。日本大使館前という場所性が捨象された少女像が拡散していく現象は、少女像が「カノン化」、あるいは「正典化」して特有な地位を占めていることを指し示しています。

少女像のバリエーション

ただし近年は、少女像にも変化が見られます。写真5はソウル南方の水原のもの、写真6はソウル北部にあるものです。中国の「慰安婦」と一緒に座っています。写真7は梨花女子大学の前にあるもので、コンセプトは大使館前の像と同じですが、大学生が創意工夫をして、蝶の羽を広げて飛び立とうとしています。写真8もソウル中心部にあるものですが、座っているものではなく立っています。写真9は済州島にあるもの、写真10は、二〇一六年一二月に建てられた釜山の日本総領事館前の少女像です。

ほかには、初代少女像と製作者が異なる像もあります。少女像が必ずしも日本大使館前のものだけではない、ということです。「少女」ではない「慰安婦」像もあります。あるいは少女像ではなくて、女性の人権守護祈願像、というのもあります。

ところで、日本大使館前にある少女像を初代と言いましたが、じつは、元「慰安婦」らが共同生活をしている〈ナヌムの家〉にあるものが、最初に作られた少女像ではないかと私は見ております。この像は亡くなった元「慰安婦」の方々の背後から見守るように立っているのですが、ハルモニたちがいることで、この少女像から抵抗性は、感じられないかもしれません（写真11）。

また、表象のレベルにおける「慰安婦＝少女」のイメージは、韓国の民族言説によってのみ構築され、少女像の建立によってのみ固定されたわけではありません。重要なのは、それらのイメージは元「慰安婦」たちの記憶の投影でもある、ということです。こうした記憶が、被害者が「人権活動家」として生まれ変わる過程で選別され、あるいは先鋭化したものだとしても、被害者が自ら、じかに表現した記憶の意味は重いのではないでしょうか。

写真 12　金順徳「連れて行かれること」

写真 13　姜日出「焼かれる乙女たち」

写真 14　金福童「連れて行かれる日」

写真 15　姜徳景「ラバウル慰安所」

元「慰安婦」の絵

元「慰安婦」は、言葉で言い表せない記憶を絵画として表現しました。元「慰安婦」たちが共同生活する〈ナヌムの家〉では、被害者のセラピーの一環として美術を活用したこともあり、ハルモニたちはさまざまな絵画作品を残しています。作品は、連行される状況や慰安所での出来事を描き、当時を想起する際の心理状態を表しています。「慰安婦」になる前であれあとであれ、少女たちはチマチョゴリ姿か凌辱される裸身です。金順徳《キムスンドク》さんの「連れて行かれること」（写真12）――「連行」と題されることもありますが――、姜日出《カンイルチュル》さんの「焼かれる乙女たち」（写真13）、金福童《キムボクトン》さんの「連れて行かれる日」（写真14）では、女性はチマチョゴリを着ています。姜徳景《カンドッキョン》さんの「ラバウル慰安所」（写真15）はチマチョゴリを着ているバージョンと、そうでないものがあり、さらなる検証が必要ですが、基本的にチマチョゴリ姿になっています。(17)

アートへの影響

こうした元「慰安婦」たちの自己表象は、さまざまなアートや文化の領域、マンガ・アニメ・ドラマ・映画などに影響しています。

アニメーション作品の「少女物語／Herstory」（キム・ジュンギ監督、二〇一一年）は元「慰安婦」をモデルにし、韓国女性家族省が企画した「終わらない物語」（二〇一四年）の証言に基づいています。二〇一六年に封切られて好評を得た「鬼郷」は、監督のチョ・ジョンレが、〈ナヌムの家〉で元「慰安婦」の絵画作品を見たことが制作のきっかけだったと言います。近年のこうした映像作品は「慰安婦」被害者の体験や証言を再構成したものが多くなっています。

これらの「慰安婦」に関する映像などアート作品の多くは、被害者の実体験に依拠して作られています。日本大使館前の少女像も、こうした表現行為の流れの中に位置づけることができなくもありません。そもそも少女像が「少女」をモチーフにして製作されたことは、ウンソン／ソギョン夫妻が芸術作品を創作する行為の範疇にあります。少女像には「慰安婦」の表象不可能性と修復不可能性を越えて、その人生に居場所を与えようとする製作者の苦悩もこめられていただろうと思います。

記憶の破壊

ところがそれを朴裕河は、「少女像がチマチョゴリを着ているのも、リアリティの表現というよりは、慰安婦をあるべき〈民族の娘〉とするためだ」と言い切ります[18]。同様に、元「慰安婦」の作品でチマチョゴリを着ている「慰安婦」の「少女」が実態にそぐわないというのであれば、それは「歴史的事実」の検証としてはともかく、絵画として昇華されたハルモニたちの記憶の破壊にほかなりません。

こうした記憶の破壊に警鐘をならす哲学者の野家啓一の言葉は明瞭です。「文学作品とは異なり、歴史的証言はその証言者が生き続けている限り、彼の意図から切り離すことはできない。彼は常に、歴史家の歴史記述に対して絶対的な『否』を突きつける権利を留保しているからである。それゆえ、証言者が生存している間は、歴史家はその叙述を完結することができない。いや、始めることすらできないのである[19]」。

この野家の言葉を引き受ければ、『帝国の慰安婦』を元「慰安婦」らが名誉毀損で刑事告訴したこと（二〇一七年一月、一審で無罪判決）は、朴裕河が「慰安婦」自らの記憶に基づくイメージとは異なる物語を叙述したことに突きつけた「否」である、と言えるでしょう。元「慰安婦」が生存している限りその物語はまだ完結していないのです。それとは別の物語も始まってはいません。

カノン化する少女像

いまや韓国では、平和の碑や映像作品にとどまらず、各種芸術作品や展示会、演劇やパフォーマンスなどさまざまなジャンルを通して、日本軍「慰安婦」の記憶を引き継いでいます。少女像の形象は多様化し、少女像をモチーフとした作品やパフォーマンスがたびたび見られます。その中心には特別な地位を確立した日本大使館前の初代少女像が位置しています。

ヤン・アスマンは、集合的記憶の構成要素として、自分の生きている生の具体的な関連の中での記憶＝「コミュニケーション的記憶」と体験当事者の世代の死と生をまたぎ、現在の要求を正当化するような記憶＝「文化的記憶」を対置させました。「文化的記憶」は、想起の文化的装置を生み出すことで、つねに死者の記憶の問題とかかわることになります[20]。

したがって、「不可避に薄れていく過去の痕跡をあらゆる手立てで固定化し保存することへの生き生きとした関心が存在する場合に、繰り返し新しい再構成が行われるのではなく、固定的な伝承が定立する。これがコミュニケーション的な生活関係から分離され、カノン的な共同記憶の内容となる」と言っています[21]。こうした忘却に抗して作用する固定化のメカニズムに取り込まれるようにして、実際に少女像も「文化的記憶」として、韓国社会における日本軍「慰安婦」をめぐって自己の像を固定させて伝えるテクストやイメージや儀礼になっています。その場合、過去の表象は、虚構か歴史的事実かにかかわらず「神話」となり、その物語の力は想起の共同体に集団の自己イメージを基礎づけ、方向を与え、未来の行為に目標と根拠を与えるのです[22]。

記憶と歴史、想起と忘却

ただし、一見「カノン化」したかのような少女像でも、その物語の筋書きはまだ終わっていません。体験者の「生物学的な死」は、直接的にはその事態を体験しえない者にとって、いかにその集合的記憶を理解し、保持するのかという問題であり、私たちはいままさにこの問いに直面しています。[23]「慰安婦」の問題は記憶と歴史、想起と忘却が交錯する地点にあり、その文化的・芸術的様式の拡張は途上にあると言えましょう。

たとえば、革新系の芸術団体である民族美術人協会ソウル支部が毎年主催する「わたしたちの時代のリアリズム展」では、二〇一三年の第四回目に韓国挺身隊問題対策協議会（挺対協）・ナヌムの家など関連団体と共同企画で「日本軍『慰安婦』と朝鮮の少女たち」が開催されました。絵画・彫刻・映像・オブジェ・パフォーマンスなど、出品されたおよそ二〇〇点の作品は、「慰安婦」の表象がもはや「少女」に収まらないことを示しました。

その一方で、こうしたアート部門における「慰安婦」表象の拡張は、「慰安婦」問題をめぐる日韓の確執の中で活性化してきたことから、最近は、日本への強力なメッセージを伴うこともあります。その場合、「慰安婦」の表象の展開は、日韓の歴史問題や領土問題、また国内の現実政治ともからみあうことになります。たとえば大使館前（少女像の前）で、独島／竹島に関する集会が開かれることも見られます。

少女像のリアリティ

いまや日韓の歴史対立の中心にあるのは、少女像という「想起の空間」なのです。歴史問題の根底には、植民地支配に対する不徹底な「過去清算」が横たわっており、日本政府に対する謝罪と補償の要求は、それを先導する「慰安婦」問題に便乗することで相乗効果を発揮するのです。

日本大使館前だけではありません。各地に設置される少女像の建立も、その動機は「慰安婦」の「想起の空間」の範疇を越えようとしています。晋州では、二〇一六年二月二三日に市民団体が記者会見を開きました。姜徳景さんなど晋州出身の「慰安婦」被害者がいるにもかかわらず、これまで地域に記念碑がなかったことを指摘し、少女像の設置を表明したのです。会見では「12・28日韓合意」を批判するとともに、豊臣秀吉の「朝鮮征伐」にまでさかのぼり、抗日の伝統を強調することで少女像建立の意義をアピールしました。(24)

近年、三・一独立運動記念日の関連行事では、各地で当時の決起を再現するパフォーマンスがしばしば披露されています。こうした「歴史の演出」は、植民地支配を「屈辱の時代」ではなく、「抵抗の時代」として能動的・選別的に記憶するナショナル・アイデンティティの構築と継承の実践です。ただし、一般市民が参加する「大韓独立万歳」のライブ・パフォーマンスは、最後に日本憲兵と朝鮮民衆が記念撮影するように祭りとして行われています。

こうした記念行事に「慰安婦」少女像の「少女」が登場すると、お祭りムードは一瞬にして厳粛な空気に包まれます。三・一独立運動の蜂起の地が、韓国の人々に、「屈辱」であれ「抵抗」であれ意味作用することは、いまや無菌化された植民地時代の「歴史の演出」でしかありません。しかし少女像はこれらのパフォーマンスにリアリティを加味し、現実の歴史的争点に目を向けさせるのです。

少女像はどこへ

もはや韓国で「反日」を導くのは、「歴史の場所」ではなく「想起の空間」だと言えます。ここでいう「反日」とは次のような意味です。植民地支配に対する歴史的感情に端を発しながらも、戦後の国際秩序と日韓の政治的・経済的癒着の中で解消されなかった脱植民地の課題が、冷戦構造の解体に伴う民主主義の定着と人権のグローバル化によって戦後補償として浮上しました。そうした状況の中で、韓国社会の「親日清算」と「過去の克服」を目指す理念と行動、を指しています。

以上見てきたように、日本大使館前の少女像は、もはや「慰安婦」問題のシンボルにとどまりません。三・一独立運動発祥の地（タプコル公園）や、旧西大門刑務所（現西大門刑務所歴史館）という「歴史の場所」をしのぐ、「反日」の拠点に位置づけられようとしています。そこは、他の歴史問題や領土問題も一緒くたに扱われるように、人権や歴史についての熟慮からではなく、過去に植民地であったという被害者意識によって正当化される、反日感情を吐露するための「観念的反日」の舞台となるのです。

少女像は、自らを取り巻く民族・ジェンダー・階級という諸次元がからまりあった政治性に向き合い、「反日」の拠点にとどまらない、グローバルな正義にコミットする、トランスナショナルな記憶の地平を切り開くことができるのでしょうか。というのも、過去が「能動的・選別的に再構成」されるという記憶論の方法を引き受けて、アイデンティティの再構築を追認するだけならば、記憶のナショナルな作用に介入しトランスナショナルな記憶へとつなぎ合わせる――そういう道筋が、見えなくなるからであります。

トランスナショナルな「想起の空間」へ

果たして少女像は、新たな「英雄物語」のアイコンとして「国民的建造物」となったのでしょうか。モニュメントとしての少女像は各地に拡散し、さらに少女像は、歴史・領土問題の他部門を吸収して、「カノン化」しています。

そこには、ヨネヤマ・リサが言うように、埋もれていた過去を想起するときに、否応なく伴われる記憶のポリティクスの危うさも、確かに存在すると思います。ようやく闇から回復された知が光を照射され、主体的位置を与えられることによってふたたび従属化されていくことに注意を払うならば[25]、「カノン化」した少女像の意味・記号・表象が想起するナショナルな語りへの効用を、批判的にとらえる視点は確かに必要でしょう。

二〇一六年三月には、「少女像」現象をめぐる討論会「少女像の芸術学」が開催されました。美術批評・美学・ジェンダー研究・文化研究の専門家が集まり、その政治的・社会的・芸術的意味について議論を交わしました。[26]討論者として参加したデザイン評論家のチェ・ボムは、少女像が「純粋な被害者と悪魔のような加害者の二つを表象している」国家主義的な芸術だとして、その「極端な二分法の世界」を批判しました。芸術作品であればそれを越える態度とビジョンが求められる、と指摘したのです。この批判に対しては、製作者のキム・ウンソンは、少女像に日本を懲らしめる要素はなく、痛みのみを表しており、「二分法」を乗り越える努力の産物である、と反論しています。

少女像をめぐる各領域の言説が交錯しながら、その多様な意味を読み取ろうとすることで、「国家主義的な芸術」だという指摘に受け答えする、真摯な議論の場が成立しているのではないかと思います。

終わらない「少女」の物語

しかしそれでも、朴裕河が言うように、日韓の「和解」を盾にして「性奴隷以外の記憶を抑圧しつつ「慰安婦」自身の生きた記憶より理想化された〈植民地の記憶〉を彼女たちは代表する」[27]と、「英雄物語」に潜むナショナリズムを暴露するだけでは、トランスナショナルな記憶は、生成しえないのではないかと思います。日韓の「和解」が急務だとしても、和解が、「過去についてのある解釈の真実性を立証または否認できるような超越的位置」[28]にはないはずだからです。

むしろ少女像は、単に「反日」の拠点や国家間の対立の産物ではなく、植民地主義と戦時性暴力にあらがう市民的連帯の十字路に立っていると言えましょう。それは、元「慰安婦」たちが、自らの物語の実体化・固定化を拒み、物語を書き続けていることからも、確認することができます。「ナビ（蝶）基金」もそうした実践として営まれています。

二〇一二年、元「慰安婦」の意向を受け、支援団体は「ナビ（蝶）基金」を創設しました。[29]ベトナム戦での韓国軍による民間人虐殺や、性暴力犠牲者をはじめ、世界中の戦時性暴力の被害者を支援することが、その趣旨です。支援活動の一環として、二〇一四年二月にはベトナムを訪問して慰霊碑に参拝し、翌年、韓国軍による民間人虐殺のサバイバー（生存者）たちが韓国を訪れました。

ベトナムのピエタ像

このことから考えると、少女像が想起させるのは、破壊された「慰安婦」の記憶のみではない、ということがわかります。ウンソン／ソギョン夫妻は、ベトナム戦争での韓国軍による戦争被害者を追悼する「ピエタ像」を製作して、ベトナムでの建立を進めています。少女像はその姿を変えて、「自由と民主主義の守護」のためにベトナムで戦ったという韓国の共同体の記憶にもひびを入れているのです。「ナビ基金」によって設立された「ナビ平和賞」の最初の受賞者に選ばれたのは、在韓米軍の「慰安婦」である「基地村」女性の問題に取り組む団体でした。[30]

元「慰安婦」たちは、このようなベトナムの戦争被害者との交流を通して、日韓関係という枠組みにおける日本への批判だけではない、より普遍的な取り組みへと突き進んでいることが見えてくるのではないかと思います。

戦時性暴力の罪を問う

最後にもう一つ、エピソードを付け加えたいと思います。二〇一六年の熊本地震で被災した人たちに、元「慰安婦」が義援金を送ることを決めました。しかし一連の「慰安婦」問題に対する日本の対応もからみ、その義援金に不満を示す人たちが現れます。それに対して元「慰安婦」の金福童は、「日本を支援することに不満を抱く人は、日本による被害や苦しみを被っていない人だろう」と語り、「むしろ痛みを知らない人がそんな言葉を発することが多い」として、韓国における「観念的反日」を戒めました。(31)

水曜デモの現場もトランスナショナルな「想起の空間」として、もはや国民的記憶に安住することはないでしょう。水曜デモを主催するのは、元「慰安婦」支援団体の挺対協だけではありません。日本の「九条の会」が主催することもあれば、家庭内暴力などの問題に取り組む「韓国女性の電話」が主催することもあります。

その中心に位置する少女像は、日本大使館に向けて建つものの、戦没者の公的慰霊のような、国家暴力を正当化する記憶でもありません。戦時性暴力という人道に対する罪を問い、国家権力の暴走に対抗する市民的連帯の拠点として、少女像は場所と時代を超えて戦争被害者を追悼する普遍性を備えています。逆に言うと、韓国社会は少女像を通して戦時性暴力を人道に対する罪として引き受けることができるのかどうか、が試されてもいるのだと思います。

少女像を見つめ返して

「慰安婦」が「歴史」にならないままでは、少女像の「カノン化」も完成しません。少女像のまなざしを受け止めて、それを見つめ返すことが必要です。そうしてこそ日韓の支配と被支配の歴史、そして女性への抑圧の中で生み出された日本軍「慰安婦」の過去を、コロニアリズムの忘却を超えた東アジアの「想起の空間」を通して、共有できるのではないかと思います。

少女像は「慰安婦」問題のシンボルとして、その存在自体が外交交渉の対象となっています。このように記念碑が想起させる記憶のポリティクスは、現実政治と切り離せるものではありません。独裁者の銅像の崩落という全体主義体制の終焉を象徴するあの馴染みの光景でなくても、記念碑の「記憶」が国内政治はもちろん国際政治においても「歴史」の転換を決定づけるのです。今日では、少女像は日韓合意以降の「慰安婦」問題がどのような方向へと進むのか、を方向づける運命を背負わされているのです。

「慰安婦」少女像のない日本大使館前は、水曜デモが継続しない限り、その「想起の空間」としての役割もまた、異議申し立ての退潮とともに消え去っていくでしょう。しかし、モニュメントとして拡散し、また表象として拡張を続ける少女像の象徴的意味は、日本大使館前から姿を消したとしても「慰安婦」問題が歴史問題であり続ける限り色あせることはありません。

それでも物理的に存続する記念碑は、その意味とともに、いつまでも生きられた記憶ではいられません。少女像からいつか「反日」というものが払拭されたとき、どのような姿で我々の前に立っているのでしょうか。少女像は、そういう歴史的な想像力を、私たちに投げかけているのではないかと思います。

注

（1）元「慰安婦」と支援者たちがソウルの日本大使館前で毎週水曜日に行うデモ。日本政府に公式謝罪を求め、一九九二年から続いている。
（2）日本語版は朴裕河『帝国の慰安婦——植民地支配と記憶の戦い』朝日新聞出版、二〇一四年。
（3）朴『帝国の慰安婦』、一五七頁。

（4）ピエール・ノラ「歴史と記憶のはざまで」、ピエール・ノラ編、谷川稔訳『記憶の場　フランスの国民意識の文化＝社会史　第一巻　対立』岩波書店、二〇〇二年。
（5）アライダ・アスマン、安川晴基訳『想起の空間――文化的記憶の形態と変遷』水声社、二〇〇七年、一六三頁。
（6）ヤン・アスマン、高橋慎也・山中奈緒訳「文化的記憶」（訳者解題）、『思想』二〇一六年三月号、岩波書店、三〇頁。
（7）キム・ウンソン／キム・ソギョン講演会「平和の碑（少女像）が問いかけること」二〇一六年二月二二日、および同日の筆者による札幌でのインタビュー。
（8）安川晴基「『記憶』と『歴史』――集合的記憶論における一つのトポス」、慶應義塾大学藝文学会『藝文研究』VOL.94、二〇〇八年六月、二九五頁。
（9）岡真理『記憶／物語』岩波書店、二〇〇〇年、八頁。
（10）朴『帝国の慰安婦』、一五四頁。
（11）朴『帝国の慰安婦』、一五五頁。
（12）山下英愛『ナショナリズムの狭間から――「慰安婦」問題へのもう一つの視座』明石書店、二〇〇八年、一三九頁。
（13）安川晴基「文化的記憶のコンセプトについて　訳者あとがきに代えて」、アスマン『想起の空間』、五六〇頁。
（14）朴『帝国の慰安婦』、一七二頁。
（15）朴『帝国の慰安婦』、一五八～一六一頁。
（16）米山リサ、小沢弘明・小澤祥子・小田島勝浩訳『広島――記憶のポリティクス』岩波書店、二〇〇五年、三六頁。
（17）ハルモニの絵画展実行委員会・日野諄城・都築勉編『ハルモニの絵画展――一万五〇〇〇の出会い』梨の木舎、一九九九年。写真はナヌムの家「日本軍「慰安婦」歴史館」提供。
（18）朴『帝国の慰安婦』、一五四頁。
（19）野家啓一「記憶と歴史4　証言者の死」『へるめす』一九九五年一一月、一七二頁。
（20）岩崎稔「ヤン・アスマンの《文化的記憶》1」、『未来』一九九八年五月、二一頁。

（21）同前、二二二頁。
（22）安川「文化的記憶のコンセプトについて」、五六四〜五六五頁。
（23）岩崎「ヤン・アスマンの《文化的記憶》1」、二四頁。
（24）オーマイニュース、二〇一六年二月二二日。
（25）ヨネヤマ・リサ「記憶の未来化について」、小森陽一・高橋哲哉編『ナショナル・ヒストリーを超えて』東京大学出版会、一九九八年、二三七頁。
（26）アン・テホほか「少女像の芸術学――『平和の少女像』をめぐる政治・社会・芸術的意味」、『文化＋ソウル』二〇一六年四月号。原文は韓国語。
（27）朴『帝国の慰安婦』、一五二頁。
（28）米山『広島』、三八頁。
（29）日本政府からの賠償金を戦時性暴力の被害者たちに役立てたい、という元「慰安婦」の金福童・吉元玉の意向により挺対協が創設した。
（30）ハンギョレ新聞、二〇一六年五月一九日。
（31）世界日報、二〇一六年五月二日。

歴史修正主義と闘うジャーナリストの報告

——朝日バッシングの背後にあるもの

カトリック大学客員教授
植村 隆

みなさん、こんにちは。元朝日新聞記者、現在は韓国カトリック大学客員教授の植村隆と申します。私は、「元従軍慰安婦の女性が証言を始めた」という第一報を書いたため、激しいバッシングを受けています。

二三年前の記事

私が記事を書いたのは一九九一年でした。そして、記事から二三年後の二〇一四年二月から激しいバッシングを受けることになりました。

その記事の見出しは「思い出すと今も涙　元朝鮮人従軍慰安婦　戦後半世紀重い口開く　韓国の団体聞き取り」。一九九一年八月一一日付朝日新聞大阪本社版の社会面トップになりました。記事の前文で、私は次のように書きました。

> 「女子挺《てい》身隊」の名で戦場に連行され、日本軍人相手に売春行為を強いられた「朝鮮人従軍慰安婦」のうち、一人がソウル市内に生存していることがわかり、「韓国挺身隊問題対策協議会」（尹貞玉・共同代表、一六団体約三〇万人）が聞き取り作業を始めた[1]。

本文では次のようにも書きました。

> 女性の話によると、中国東北部で生まれ、一七歳の時、だまされて慰安婦にされた[2]。

私はその前年、九〇年の夏に「慰安婦」問題に関心を持ち、韓国へ取材に行きました。しかしそのときは元

「慰安婦」の女性に会うこともできず、空振り取材で終わりました。

翌九一年の夏、朝日新聞のソウル支局長が、挺身隊問題対策協議会（挺対協）が元「慰安婦」の聞き取り調査をしている、と私に教えてくれました。それをきっかけに再び取材を始め、元「慰安婦」が証言した録音テープを挺対協共同代表の尹貞玉《ユンジョンオク》さんらに聞かせてもらいました。

あのテープを聞いた日のことは、今でも忘れられません。「慰安婦」の体験を証言する女性は、当時すでにいましたが、韓国内での証言者は見つかっていませんでした。梨花女子大学校の教授もつとめた尹さんによる長年の調査で、ようやく証言者が見つかったのです。

これは非常に大きなニュースでした。確かな情報源のためテープでも問題ないと判断し、書いたのがこの記事でした。

私の記事は第一報ではありましたが、各新聞社からは特段関心を持たれませんでした。朝日新聞大阪本社版の社会面トップにはなりましたが、東京本社版には、次の日に大阪の半分くらいの大きさで載っただけでした。

元「慰安婦」女性の記者会見

ところがその三日後の八月一四日、このテープの証言者、金学順《キムハクスン》さんが記者会見を開いたのです。私はすでに帰国していて、その報を大阪で聞きました。

翌八月一五日、韓国各紙の朝刊に金学順さんの記事が掲載されました。記者会見に出られなかった恥ずかしさと、ちょっと間抜けだったなあという反省がありましたが、私はソウルの尹さんへの電話取材と、韓国紙の記事を参考にして同日の大阪版夕刊に、続報を書きました。しかし、他の日本の新聞ではあまり報道されませんでした。韓国紙の重要なニュースは転電されるのですが、不思議でした。私の記事もまた、韓国には転電されていませんでした。

そうした中、日本の新聞で唯一、北海道新聞が金学順さんの単独インタビューを掲載しました。「日本政府は責任を」「韓国の元従軍慰安婦が名乗り」「わけ分からぬまま徴用　死ぬほどの毎日」という見出しで、リードには次のように書かれています。

> 戦前、女子挺（てい）身隊の美名のもとに従軍慰安婦として戦地で日本軍将兵たちに凌（りょう）辱されたソウルに住む韓国人女性が十四日、韓国挺身隊問題対策協議会（本部・ソウル市中区、尹貞玉・共同代表）に名乗り出、北海道新聞の単独インタビューに応じた〔ママ〕。儒教思想の強い韓国社会で元従軍慰安婦が自ら過去を語るのは戦後これが初めて。この女性は「女子挺身隊問題に日本が国として責任を取ろうとしないので恥ずかしさを忍んで…」とし、日本政府を相手に損害賠償訴訟も辞さない決意を明らかにした。今日、第四十六回終戦記念日―。「天皇の軍隊」にじゅうりんされたアジアの友人にとってまだまだ戦争は終わらない[3]。

私は激しいバッシング渦中の二〇一四年、この記事を書いた北海道新聞の記者にお会いしました。「あなたの記事は、私の記事を見て書いたのですか」と聞いたら、「いや、あなたがそんな取材をしているのを知らなかった」という答えでした。以前から挺対協に「証言者が出てきたら連絡を」と取材申し込みをしていたため、このインタビューが実現したそうです。私の第一報を読んで、取材したわけではありませんでした。

他紙で金学順さんに言及したのは、読売新聞と毎日新聞でした。読売は九一年八月二四日の尹貞玉さんの来日を報じた記事の中で、毎日は同年九月二八日付「記者の目」というコラムで社会部の女性記者が金学順さんを紹介しています。

五〇年の沈黙を破って

韓国の映画監督、金東元《キムドンウォン》さんが制作した「終わらない戦争」というドキュメンタリー作品があります。私は、じつは金学順さんの第一報を書いたあとは、「慰安婦」問題から遠ざかっていました。この作品に出会ったのは、二〇一五年の春、札幌市内で女性の市民運動メンバーのみなさんと観たときでした。被害者の証言だけでなく、研究者や政治家にも取材し、「慰安婦」問題の全体像をわかりやすく伝える六〇分の映画です。

「終わらない戦争」にはオランダ、中国、韓国、フィリピンの、五人の元「慰安婦」が登場します。ここで私は、金学順さんと「再会」しました。あの九一年八月一四日の記者会見がKBSニュースで報道された映像が出てくるのです。そして、金学順さんの記者会見をきっかけに、世界各地で歴史の真実を求める行動が広がっていったことが映像を通して示されます。

映画の中で、オランダ人女性のジャン・ラフ・オハーンさんがこう語っています。「本当に驚くべき事実は、五〇年間沈黙していた私たち「慰安婦」女性が、同時に、突然、バーン！　と口を開いたことです」。オハーンさんもまた、金学順さんの証言に勇気を得て、自らも証言者になることを決意した一人でした。

オハーンさんの証言にあるとおり、金学順さんが記者会見した一九九一年は、「慰安婦」問題の大きな歴史的転換期でした。証言は韓国内から、世界へ広がっていったわけです。韓国で被害者申告した元「慰安婦」は二〇〇人を超えました。オランダ、フィリピン、台湾、インドネシア、中国などでも証言者が続きました。

「週刊文春」で「捏造」と書かれる

私はその序章のような記事を書いたに過ぎませんでした。ところが二三年後、その記事で激しいバッシングを受け、決まっていた神戸松蔭女子学院大学への転職は辞退せざるを得ませんでした。それだけではなく、私の記事とはまったく関係のない娘を殺すという脅迫状まで、非常勤講師を勤めていた北星学園大学に届きました。二〇一四年から一五年にかけてはとくに、すさまじいバッシングが続きました。

きっかけは、「週刊文春」の記事でした。二〇一四年二月六日号の「週刊文春」記事に、「〝慰安婦捏造〟朝日新聞記者がお嬢様女子大教授に」という見出しの記事が載りました。

当時、私は朝日新聞函館支局長でした。若い世代とジャーナリズムをともに勉強したい、ジャーナリストとして物事をより深く調べたいという思いと、本の執筆意欲もわいてきていました。歳も五〇を過ぎたところで、大学教員の公募に応募したところ合格し、採用が決まりました。ちょうど大学用のシラバスを準備しているときに、「週刊文春」の記者が取材に訪れたのです。

「週刊文春」の取材のやり方については、『真実――私は「捏造記者」ではない』（岩波書店、二〇一六年）に書きましたのでそちらをご覧いただきたいのですが、非常に問題の多い、歴史修正主義的な記事です。

簡単にまとめますと、植村の記事をきっかけに「朝日は慰安婦問題を次々と取り上げ、（中略）日本軍による『強制連行』があったとの主張を大々的に展開」し、「これに韓国世論が激高すると」、「裏づけとなる資料が発表されないまま」河野談話が出た。そのせいで「日本政府が強制連行を認めたとの印象を世界中に与え、今日まで日本が言われなき批判を浴びるような事態を招いた」、という内容です。めちゃくちゃな論理です。

実際には先ほどお話したように、金学順さんの記者会見をきっかけに、被害者の女性たちが次々と声をあげ始めました。国際社会がそれに呼応して、これは「戦時における女性の人権問題」だと認識したのです。朝日新聞が次々と報じたから、「慰安婦」問題が国際問題化した、という理屈にはどう見ても無理があるように思えます。

またこの「週刊文春」の記事からも見てとれますように、私の記事を批判する人々は、河野談話もバッシングします。河野談話を取り消せ、という立場の人々であることも、バッシングする側の一つの特徴です。

産経新聞と読売新聞

「週刊文春」より前から「慰安婦問題は朝日の捏造」説を書いてきた産経新聞、そして日本最大の発行部数九〇〇万部を誇る読売新聞が私へのバッシングを繰り返したことも、日本のジャーナリズム史に残る行為だったと思っています。

二紙による私の記事への批判ポイントには、「強制連行」という表現を使ったこと、「挺身隊と慰安婦を混同していること」、の二点がありました。私は、その批判のどちらも論破しています。

簡略にまとめますが、私の記事では、金学順さんについて、「強制連行」という言葉を一度も使っていません。しかし当時の新聞記事を調べると、「強制連行」という表現は他紙で使われていました。たとえば読売新聞九一年一二月三日の記事に「「女性挺身隊」として強制連行」、産経新聞大阪本社版一二月七日付に「日本軍に強制的に連行され」」、同九三年八月三一日付に「強制連行された」という記事が見つかります。

二つ目の挺身隊については、当時、「挺身隊」と「慰安婦」は同じ意味で使われていたのです。「女子挺身隊のうち「慰安婦」として戦地に送られ」(読売新聞大阪本社版朝刊、一九九一年八月二四日)、「「女子挺身隊」の名で、戦場に赴いた朝鮮人従軍慰安婦」(産経新聞大阪市内版、一九九一年一〇月二五日)など、一九八四〜九一年の間に朝日・読売・毎日・産経の各紙が「挺身隊」という言葉を使っていました。

そうした事実の背景があるにもかかわらず、「挺身隊と慰安婦は関係ない、関係ない言葉を使って報道した捏造記者」というレッテル貼りをひとたびされてしまうと、激しいバッシングの嵐が起きました。

捏造というのは、ありもしないことをでっち上げたときに使われる言葉です。新聞記者にとって、捏造記者というレッテルをはられることは死刑判決と同じです。私は反論資料を持ち歩き、聞いてくれる人たちのいる場では事実を訴えましたが、マスメディアでは反証の機会さえも与えられない状況におかれました。

「捏造」が否定されても

そうした中で、朝日新聞が二つの大きな記事を発表しました。

一つは二〇一四年八月五日「慰安婦問題を考える（上）」という検証記事です。私の記事については、「慰安婦と挺身隊との混同については（中略）韓国でも当時慰安婦と挺身隊の混同がみられ、植村氏も誤用した」とされましたが、次のように結論づけられました。

> 植村氏の記事には、意図的な事実のねじ曲げなどはありません。九一年八月の記事の取材のきっかけは、当時のソウル支局長からの情報提供でした。義母との縁戚関係を利用して特別な情報を得たことはありませんでした。(4)

この縁戚関係とは何かと言うと、私の妻は韓国人で、妻の母親が、太平洋戦争犠牲者遺族会（韓国挺対協とは別の団体）の幹部でした。そこをとらえて「植村は、韓国の工作員のように記事を書いている」という批判があったのです。私は、結婚する前から「慰安婦」問題を取材しておりましたので、妻が韓国籍であることは関係ありません。大阪社会部の人権担当記者として、戦争被害者の人権を守るために取材していたわけです。

私はこの検証記事で、名誉回復されると期待しました。しかし同時に、朝日新聞は「慰安婦」を強制連行したという故吉田清治氏に関して「証言は虚偽だと判断」し、一六本の記事取り消しを発表しました。最終的に朝日新聞は一八本の記事を取り消しました。それらの記事を私は一本も書いていませんが、この記事取り消し報道が朝日バッシングを過熱させました。私の記事に「捏造はない」と発表されたにもかかわらず、私はさらに苛烈なバッシングにさらされ続けることになったのです。

止まらないバッシング

二〇一四年一二月二三日には、「慰安婦報道第三者委員会報告書」が紙面に掲載されました。第三者委員会は委員長が中込秀樹氏（元名古屋高裁長官・弁護士）、委員は岡本行夫氏（外交評論家）、北岡伸一氏（国際大学学長）、田原総一朗氏（ジャーナリスト）、波多野澄雄氏（筑波大学名誉教授）、林香里氏（東京大学大学院情報学環教授）、保阪正康氏（ノンフィクション作家）の七名です。

この委員会からは、九一年八月一一日に私が書いた記事の前文に対して「「女子挺身隊」と「連行」という言葉の持つ一般的なイメージから、強制的に連行されたという印象を与える」と指摘されました。これに対して私は承服できないと思っています。当時は、読売新聞や産経新聞を含めた他紙も「強制連行」と書いていたわけです。しかも私は「強制連行」とは書いていない。書いていないのにそういう「印象を与えた」として非難するのは、私の記事への、まず批判ありきの論理ではないでしょうか。

ただし、私がここで言いたいのは、強制的に連行されたとか、あるいはだまされたとか、「慰安婦」にされた経緯が現在問題となっているわけではない、ということです。女性たちが意に反して戦場に連れて行かれ、戦地で性を蹂躙され、取り戻せない人権侵害を受けたことが、いま国際的な問題になっているのですから。

ニュース23の岸井発言

私は、産経新聞や読売新聞を批判しているわけではありません。「捏造」というレッテル自体が「捏造」なのだということが、私の話を聞いてくださった方にはご理解いただけると思います。しかも、産経や読売が私をバッシングする根拠として挙げていること自体が、一九九一年当時、産経も読売も書いていた内容なのです。

二〇一四年一二月の段階で、北星学園大学は二〇一五年度の私の雇用を継続すると発表しました。そのときTBSの「ニュース23」が私の問題を取り上げ、全国放送しました。その放送の最後で、アンカーの岸井成格さんが次のように発言しました。

> 大学が、雇用の継続を決めたことは当然とは言いながら、とてもよかったと思うんですよね。暴力によって言論を封殺して、大学の自治を脅かすというのは、これは絶対に許してはいけないことです。気になるのは、この一連の圧力の背景に、歴史の事実とかそういうものを変えようとする、そういう勢力がバックにいるという、そこが非常に気になるところです。そういう問題というのはとにかく徹底的に言論の場で協議する、あるいは議論すべきことで、一大学の問題ではないですよ。社会全体でこれから向き合っていく問題だろうと私は思いますね。

岸井さんはここで、これらの圧力や攻撃の背景には、歴史の事実を書き換えようとする勢力がいる、とはっきり指摘しておられます。

娘への脅迫

神戸松蔭女子学院大学の職を失ったあと、非常勤講師を勤める北星学園大学にも、「植村を辞めさせせろ」という抗議のメール・電話・脅迫状が届き始めました。ネットには、私を誹謗中傷する文書が氾濫しました。ネットの検索で「植村隆」と名前を入れると、もう誹謗中傷の嵐でした。一筋の光さえも見えない暗闇の中に立たされているようでした。「週刊文春」以外の週刊誌にも、植村バッシングは広まりました。北星への抗議もとどまるところを知らず、二〇一四年八月までの抗議メールは八〇七通にのぼりました。

もっともつらかったのは、娘の写真がインターネットに流れ、娘まで誹謗中傷の対象になったことでした。札幌の弁護士が話を聞いてくれたとき、ぽろぽろと涙をこぼす娘の姿を見たときには胸がはりさける思いでした。それだけではありません、北星学園大学宛てに、娘を殺すという脅迫状まで届きました。娘への殺害予告が届いたことで、警察が娘の警備を強化しました。

どんなに怖い思いをさせるだろうと思うと、私は、娘に脅迫状のことを言えずにいました。しかし、登下校時にどうしてパトカーがついてくるのか、と娘に聞かれ、隠しきれなくなりました。殺害予告の脅迫状がきていることを告げると、娘は黙って聞いており、私に愚痴を言うこともありませんでした。

娘は弁護士グループのサポートもあり、ツイッターで娘への誹謗中傷を投稿した相手に対して損害賠償請求を起こしました。そして二〇一六年八月三日、全面勝訴の判決が出ました。写真や所属する学校名や学年を摘示して特定したものであることなどに照らせば、「本件投稿当時一七歳の高校生であった原告の恐怖及び不安は耐え難いものであ」り、「精神的損害を慰謝するには二〇〇万円が相当というべき」という判決でした。判決を聞いて、娘は次のようなコメントを出しました。「私に対して起きたことは、他の人にも起こり得るものです。今回の判決が、こうした不当な攻撃をやめさせるための契機になって欲しいと思います」と。

広がる応援メール

北星学園大学に対して、植村を辞めさせろという攻撃が続く最中の二〇一四年九月八日、一人の女性が「北星学園大学に応援メールを出しましょう」という呼びかけを始めました。この発信は想像をはるかに超え、またたくまに全国へ広がりました。

一方、この段階では、私へのバッシングを報道するメディアはほとんどありませんでした。「週刊金曜日」が九月一九日号に記事を掲載しましたが、大手メディアは追いかけませんでした。朝日新聞が八月に出した検証記事で吉田清治氏の一連の記事を取り消し、さらにバッシングが広がったことが、大きく影響していたのだろうと思います。

九月三〇日には、元朝日新聞記者の大学教授が勤める帝塚山学院大学へ、爆破予告の脅迫状が届いていたというニュースを毎日新聞が報じました。元記者の教授は、吉田清治氏に関する記事を書いていました。その教授は、脅迫状が届いたその日に大学を辞めたそうです。彼は、私の外報部時代の上司でした。私は非常にショックを受けました。そしてこのニュースがきっかけで、私へのバッシングも全国に報道されることになっていきました。

一〇月六日、「負けるな北星！の会」(通称マケルナ会)が立ち上げられました。呼びかけ人に作家の池澤夏樹氏、森村誠一氏、山口二郎法政大学教授、小森陽一東京大学教授、小林節慶應義塾大学名誉教授、ジャーナリストの原寿雄元共同通信編集主幹など四五名が、賛同人には野中広務元自民党幹事長、弁護士の上田文雄札幌市長(当時)など著名人から一般の市民までが名を連ね、賛同人は最終的に一〇〇〇人以上にのぼりました。

事務局は、札幌を中心とした市民が担ってくれていました。こうした動きについて上智大学の中野晃一教授は、「札幌でなければ、北星問題で、ここまでの動きは難しかったかもしれない。地域性がある中で起きた事件だったので、連帯の輪が広がった。地域社会とグローバルな連帯がかなり大きな意味を持った」と分析しました(5)。

「無実」を証明するため

神戸松蔭女子学院大学への転職が断たれたころから、訴訟を考えていました。「捏造記者」の汚名を晴らさなければ、ジャーナリズム研究者として、教育者として第二の人生を歩むことはむずかしいと感じていたからです。さらに言えば、朝日新聞の検証記事や第三者委員会が「捏造ではない」と言っても、バッシングが止まらなかったこともあります。ならば、司法の場で「捏造記者ではない」ことを立証し、私の「無実」を証明するしかない、と考えたのです。

名誉毀損の訴訟で勝ちきることが簡単ではないことは知っていました。私へのバッシングは激しくなる一方でしたから、代理人が攻撃されるリスクも高いわけです。当初、弁護団づくりは難航しました。

しかし、先ほど述べた二〇一四年九月以降、いくつかの大きな動きがありました。朝日新聞が、福島第一原発事故の「吉田調書」をめぐる記事を取り消した問題で、朝日新聞へのバッシングが拡大しました。これに対して海渡雄一弁護士、中山武敏弁護士ら九名の弁護士が、現場の記者への萎縮をもたらすとして、報道した記者たちを処分しないよう朝日新聞社に申入書を提出しました。その動きの中で、人権問題や原発問題にかかわる弁護士が、私の問題に関心を持ってくれるようになりました。

札幌では、日弁連副会長も務めた伊藤誠一元札幌弁護士会会長、秀嶋ゆかり弁護士などが私の話を丁寧に聞いてくれました。一〇月一〇日には札幌弁護士会が、北星学園大学と教員への脅迫行為に関する会長声明を発表しました。「このような人権侵害行為、ひいては憲法秩序への挑戦に対して、これを抑止・根絶するための取組みを推し進めていく」という、私にとって非常に心強い声明でした。

東京では、先に名前が出ましたが、東京大空襲訴訟の弁護団長を務め、再審を求める狭山事件の主任弁護人である中山武敏弁護士を中心に、弁護団が結成されました。その過程で、この裁判は「戦後民主主義擁護の大きな運動の一環と位置づけられる」という意見が出たと聞いています。

二〇一五年一月九日、私は名誉棄損の訴えを東京地裁に起こしました。被告は一九九二年から私を批判し続け、「週刊文春」で私の記事を「捏造」と非難した西岡力氏（麗澤大学客員教授）と、「週刊文春」を発行する文藝春秋です。

同年二月一〇日には札幌で裁判を起こしました。西岡氏と同じく私の記事を「捏造記事」と断じるジャーナリストの櫻井よしこ氏、櫻井氏の文章を掲載した「週刊新潮」「週刊ダイヤモンド」「月刊ＷｉＬＬ」の発行元が相手です。弁護団に参加する弁護士は提訴日までに一〇六人となり、そのうち道内の弁護士は九四人。北海道内の弁護士約九〇〇人のほぼ一〇人に一人が参加してくれています。

このように東京でも札幌でも多くの人に支えられ、いま裁判をしているという状況です。

歴史修正主義の標的に

一九九〇年代後半から、歴史修正主義が台頭してきました。一九九七年には「新しい歴史教科書をつくる会」、「日本の前途と歴史教育を考える若手議員の会」（現在は「日本の前途と歴史教育を考える議員の会」）が結成されています。後者は発足時、中川昭一会長、安倍晋三事務局長でした。

こういう会が教科書から「慰安婦」問題を削除しようとする運動をしてきたわけです。安倍晋三首相は若手議員のときから、こうした動きのまさしくリーダーでした。一九九二年には私の記事を「重大な事実誤認」などと言っていた西岡氏は、一九九八年から「捏造記事」「捏造報道」と書くようになりました。

二〇〇一年には、女性国際戦犯法廷を取り上げたＮＨＫの番組に対する政治介入疑惑が取りざたされ、二〇〇五年には朝日新聞が「政治圧力があった」と報道します。二〇一二年九月には、安倍氏は河野談話の見直しを主張しています。現在安倍首相は、国際的・対外的には河野談話を守ると言っていますが、実際には河野談話を変えたいという考えを持っていることがわかると思います。

私、および朝日新聞は、歴史修正主義勢力の標的になったのだと思います。「慰安婦」問題を報じていた朝日新聞へのバッシングによってメディアを萎縮させ、戦後民主主義の破壊と、改憲への地ならしが進んでいるのではないか、と私は考えています。

アメリカへ講演に

一方、国際社会は、朝鮮人「慰安婦」を初めて報じた記者がなぜこんなにバッシングを受けるのか？　と見ています。日本の言論の自由の問題という観点で世界からは見られています。

激しいバッシングが続くなか、私はアメリカに招待されました。アメリカの著名な日本研究者である、シカゴ大学のノーマ・フィールド名誉教授、コロンビア大学のキャロル・グラック教授らの計らいでした。二〇一五年四月末から五月にかけて、シカゴ大学、シカゴのデュポール大学、ミルウォーキーのマーケット大学、ニューヨーク大学、プリンストン大学、カリフォルニア大学ロサンゼルス校（ＵＣＬＡ）の六大学で八回、講演しました。

私の訪米を中傷するインターネットの投稿や、ニューヨーク大学では「日本人の子どもに対する韓国人からの攻撃が起きている」という日本人男性の発言もありましたが、四〇〇人以上が私の話を聞いてくれ、学生たちからは好意的な感想が寄せられました。私の娘を心配してくれる声まであり、とてもありがたく感じました。

グラック教授は「朝鮮・韓国・日本で書かれた新聞記事にも人々は大きな関心を払わなかった。植村さんのたった一つの記事が「慰安婦」問題全体に火を点けたという考え方はナンセンス」と述べました。各国の元「慰安婦」たちが勇気をもって証言したことで「世界を変えた」こと、「慰安婦」問題は国際的な女性の人権問題であることを強調され、キング牧師の「表現の自由の抑圧は、どこで起きていたとしても、それはあらゆる場所での表現の自由への脅威だ」という言葉を紹介していました。

海外の日本研究者が声明

私のアメリカ滞在中、安倍首相もアメリカへきていました。アメリカ議会で安倍首相が演説をしたのですが、「慰安婦」問題への言及はなく、「植民地支配」や「お詫び」といった表現もありませんでした。

安倍首相の演説の一週間後、アメリカなどの日本研究者や歴史学者一八七人(五月一九日には四五七人)が「日本の歴史家を支持する声明」を出しました。ハーバード大学のエズラ・ヴォーゲル名誉教授、同大学の入江昭名誉教授、マサチューセッツ工科大学のジョン・ダワー名誉教授など、名だたる知日派研究者らが、「慰安婦」問題解決などのため、安倍首相に「大胆な行動」を求める、という声明でした。

私はこの声明から、非常に強い励ましをもらいました。とくにこの一文が、私の心に残っています。

過去の過ちを認めるプロセスは民主主義社会を強化し、国と国のあいだの協力関係を養います。「慰安婦」問題の中核には女性の権利と尊厳があり、その解決は日本、東アジア、そして世界における男女同権に向けた歴史的な一歩となることでしょう。(6)

逆に言えば、過去の過ちを認める報道、あるいはそのような教育をする者をバッシングする社会は、民主主義社会を弱くする。私はこれを改めて主張したいと思います。

日本の報道の自由が低下したことも、国際的に関心を呼びました。(7)二〇一六年四月には、国連の「表現の自由」特別報告者、デービッド・ケイ氏のヒアリングを受けました。ケイ氏は暫定報告の中で、植村のジャーナリストとしての権利を守るため「植村へのハラスメント」を当局はより強く非難すべきだ、と指摘しています。(8)

河野談話の継承発展を

そうした国際社会の関心もあったのでしょうか。韓国のカトリック大学の朴永植《パクヨンシク》総長が客員教授をやらないか、と声をかけてくださいまして、私は二〇一六年の三月から、韓国で教壇に立っています。朴総長からは、私を招くのは「韓国のためでも日本のためでもなく、アジアの平和のためなのです」と言われました。

現在教えているのはカトリック大学の学生を中心に、北星学園大学や上智大学・聖心女子大学からの留学生で、教え子が増えたという状況です。同年九月には私の手記(『真実――私は「捏造記者」ではない』)の韓国語訳が出版され、韓国でも関心を持たれています。

最後に、私の考えをお話しします。私は河野談話を継承発展させようという立場です。一九九三年に発表された河野談話のポイントは、三つあると思います。一つは「当時の軍の関与の下に、多数の女性の名誉と尊厳を深く傷つけた問題である」と、当時の軍の関与を認めたこと。二つめに、「いわゆる従軍慰安婦として数多の苦痛を経験され、心身にわたり癒しがたい傷を負われたすべての方々に対し心からお詫びと反省の気持ちを申し上げる」と、お詫びと反省の意を示したこと。そして三つめ、「われわれは、歴史研究、歴史教育を通じて、このような問題を永く記憶にとどめ、同じ過ちを決して繰り返さないという固い決意を改めて表明する」と、記憶の継承を宣言したことです。(9) いずれも、「慰安婦」問題の解決のための礎となることですが、しかし、いま日本にはこれを取り消そうという勢力が跋扈しているわけです。

我々が過去の問題にきちんと向き合って、過ちを二度と繰り返さない。そのために記憶を継承しようという談話を守り、談話の精神を実現すべきだと思います。教育現場、あるいはマスコミがその中心となるべきだと考えます。被害者の名誉と人権の回復のためには、記憶の継承が大切です。そして、記憶の継承の先には、日本人の心の中にも少女像ができる。つまり、少女像というのは、かたちではなく、「記憶を継承していこう」という思いなのです。その思いを心の中に刻むことこそが重要なのではないでしょうか。それが、記憶の継承の一つの理想のかたちではないか、と思っています。

注

（1）朝日新聞大阪本社版、一九九一年八月一一日朝刊。
（2）同前。
（3）北海道新聞、一九九一年八月一五日朝刊。
（4）朝日新聞、二〇一四年八月五日。

（5）二〇一六年六月一二日「負けるな北星！の会　総括シンポジウム」での中野氏発言。「負けるな北星！の会」記録編集委員会編『北星学園大学バッシング　市民はかく闘った』、二〇一七年。

（6）毎日新聞、二〇一五年五月一二日。

（7）国際NGO「国境なき記者団」が発表する「報道の自由度ランキング二〇一七」で日本は一八〇カ国中七二位、先進七カ国中最下位。

（8）国際連合人権理事会公式サイト（英語）、http://ohchr.org/EN/NewsEvents/Pages/DisplayNews.aspx?NewsID=19842&LangID=E

（9）外務省ホームページ「慰安婦関係調査結果発表に関する河野内閣官房長官談話」（一九九三年八月四日）、http://www.mofa.go.jp/mofaj/area/taisen/kono.html

ディスカッション

「慰安婦」問題と越境する連帯

テッサ・モーリス-スズキ
玄　武岩
植村　隆

司会　水溜真由美

左から植村隆、テッサ・モーリス-スズキ、玄武岩の各氏

インタビュアーの無関心

テッサ　今日お話したイギリスの帝国戦争博物館やオーストラリアの戦争資料館の史料に基づいて、論文を発表・出版する計画はあるかという質問がありました。"Japan Focus" というオンラインの雑誌で短い論文を発表しましたが[1]、これからもう少しいろいろ調べて、もっと詳しいものも書きたいと思います。まだちょっと時間がかかると思います[2]。

もう一つの質問は、英連邦軍の人々は、どうしてこの問題にもっと関心を示さなかったのか、という質問です。うまく答えられるかどうかわかりませんが、一つは、やはり軍の戦略としては、あまり大事な問題として認められなかった、ということだと思います。しかし、私がオーラル・ヒストリーのインタビューを聞きながら強く感じたのは、実際に「慰安婦」に出会ったイギリスやオーストラリアの軍人の中には、強い印象を持った人もいたということです。そういう人たちは、この話を一生懸命伝えようとしたのですが、どちらかと言うとインタビューを行った人たちのほうが、興味がなかったのです。なぜかと言うと、インタビュアーはだいたい、戦争を専門とする歴史家でした。つまり歴史家として戦略とか連合国軍捕虜の問題には興味を持っていましたが、女性の権利や女性の戦争体験に関して興味を持っていたインタビュアーはほとんどいなかった。そういう問題だと思います。

最後の質問は、慰安所制度は当時、違法であったかどうか、あるいは公娼制度と慰安所制度の違いに関する内容ですが、私にはうまく答えられないと思います。私はその問題に関して十分に詳しくありません。日本の法律ではどうだったのでしょう。国際法上で奴隷制を禁止しようとする、たとえば国際労働組織の動きはありましたが、国によって売春を違法にする制度があったりなかったりするので、軍慰安所制度は違法ではなかったとか、それがどういう位置づけであったかに関して、さまざまな議論があると思います。法律的な部分はあいまいだったと思いますし、私にはそれに詳しく答える知識はないのです。

『帝国の慰安婦』の評価

玄　私への質問ですが、簡単に答えられるものではないですけれども、朴裕河の『帝国の慰安婦』で評価できることがあるかどうか、という内容です。実際に日本の論壇でさまざまな賞を受けたわけですが、『帝国の慰安婦』は、しっかり見ていかないと問題をすぐに見つけることがむずかしい著作だと思います。

しかし鄭栄桓さんや前田朗さんが、すでに『帝国の慰安婦』を批判する書籍を出版されています[3]。それを見ると、『帝国の慰安婦』の問題点はかなり明らかになってきます。たとえば、文学上のさまざまな表象を駆使して、恣意的に、自分に必要なところだけを抜粋して一般化している、という点が多く指摘されています。歴史の検証として、それは非常にまずいのではないか、ということが言われています。ただ私自身は、歴史を専門にしている立場ではありませんので、記憶論からアプローチし、『帝国の慰安婦』は「記憶」を唱えながら構築主義的ではない、として批判しました。

また「慰安婦」問題は、階級・ジェンダー・民族という三つの要素の結節点におかれていると思います。『帝国の慰安婦』で、朴裕河もまたその民族と階級・ジェンダーという側面からアプローチしているように見えます。ところが朴裕河は、「慰安婦」問題、歴史問題のねじれは、韓国における抵抗ナショナリズム、反日ナショナリズムに端を発している、と言います。そして、その反日ナショナリズムを批判することが戦略的目標になり、実際に階級やジェンダーに重きをおいて「慰安婦」を生み出した戦時動員の問題を分析しながらも、その解決策を模索する段になると、民族問題、つまり日韓問題としてしか扱っていない、という点も、分析手法としてまずいのではないかと思います。

さらに、自らの議論を正当化するため、「からゆきさん」を日本軍「慰安婦」の前史として位置づけ、森崎和江を安易に引用していることも問題点として挙げられます。「帝国軍人」と「帝国の慰安婦」の「同志的関係」というのは、「庶民の生存と国家の意図との宿敵のような関係」を看破した森崎の言う「民衆次元における独自の出逢い」とは相容れないのです。[4]

問題は、これをどう評価できるのか、ということですね。ご存じのように、韓国でこの『帝国の慰安婦』が、元「慰安婦」の方々に提訴され、韓国のリベラル派を二分する事態になり、日本でも同じような状況が起きています。非常に慎重にならざるを得ないところもありますが、私は、基本的には朴裕河の試みは意味はあるものだと考えています。これまで抵抗ナショナリズムという歴史観だけから見ていたものを、それとは異なる局面を見ようとする歴史への複合的・多面的な理解を促す問題提起として、『帝国の慰安婦』の論争的な意義を評価することはできると思います。

ただ、やはり先ほど申し上げましたさまざまな問題点に加えて、一番大きな問題は、和解に対しての思索が、それ自体を至高の価値としてめざすがために行き詰っている、ということではないでしょうか。国家を前提にする和解が、国家によって踏みにじられた人権を押さえ込むのではなく、むしろ市民同士の連帯の力をとおして国家権力を圧迫する和解のかたちを日韓の市民社会は築くことができるはずです。これが先ほど指摘しました森崎和江の思想の要諦でもあります。

朝日・植村バッシングの背景

テッサ　朝日バッシングや、植村先生へのバッシングについてメディアで読んだ当時、非常に驚きました。その構造に関して、私がまだ理解できない二つの側面があります。

一つは、この現象は、どこまで政治とかかわっているか、ということです。朝日バッシングの波が盛り上がったのは、第二次安倍政権になったときですから、直接的に政治と関係があったのか、私は非常に興味を持っています。しかし、この質問に答えるのはむずかしいかもしれません。

ウェブ上の記事データベースで「吉田清治」という言葉を検索してみました。第一次安倍内閣が退陣した二〇〇七年九月から二〇一二年一二月まで、朝日、読売、毎日、日経、産経新聞の五紙を検索した結果、一件見つかりました。第二次安倍内閣が始まる二〇一二年一二月から二〇一四年八月までを調べると、一八件見つかりました。この一八件すべては、産経新聞に掲載されたものでした。

もう一つは、バッシングされているときに、なぜ朝日新聞はもう少し上手に抵抗できなかったのか、抵抗できなかった理由は何だったのか、という疑問を私はずっと持っています。それに関しては植村さんから、元朝日の記者として詳しく聞きたいと思っています。

少女像の影と椅子

テッサ　次に、玄先生の報告も非常に興味深く聞きました。これは質問ではなくコメントですが、日本大使館の前に建てられている少女像は、私はとても好きですね。なぜ好きかというと、その一つの理由は説明書きがないところです。「平和の碑」という碑文はありますが、「慰安婦」問題解決のための水曜デモが始まったことと、それが一〇〇〇回を迎えて「平和の碑」を建立したことが書かれているだけで、長い歴史的な説明はありません。ですから、見た人がさまざまなかたちで解釈することが可能です。もう一つは、少女像の影です。少女像の影が、お年寄りの女性のかたちになっているのも非常に興味深いと思います。

その少女像に関して、印象的なことがもう一つあります。それは大きな像ではないということです。等身大の少女が椅子に座っている。これはある意味では平和的である、ということですね。玄先生にその影の部分に関して、もう少し解釈を聞きたいと思いました。

さらにもう一つ、ジェームズ・ヤングという研究者がずいぶん前に"The Texture of Memory"という非常に興味深い英語の本を出しました(5)。その本のテーマは、ホロコースト記念碑です。その中でヤングは、その記念碑自体はもちろん重要ですけれど、人々がその記念碑とどう接触するかが重要だと言っています。記念碑に出会う人たちは、どういう行動をとるか、ということです。これに関して、もう少し説明をうかがいたいと思います。と言うのは、日本大使館前の少女像の場合は、像の隣に椅子があります。これも非常に興味深い点だと思います。そこを訪れる人たちは、その椅子をどのように使うのか、お聞きしたいと思いました。

元ハンギョレ新聞記者からの問い

植村　テッサ先生、ありがとうございます。二〇一六年二月に岩波書店から出した『真実——私は「捏造記者」ではない』の韓国語翻訳版が同年九月に出まして、韓国語版発行を発表する記者懇談会がソウルでありました。若い韓国人記者たちがたくさんきてくれたのですが、一人だけ八〇歳の高齢者がいらして、テッサ先生と同じ質問を私にしました。

その方はハンギョレ新聞創設メンバーの一人でした。ハンギョレ新聞は、東亜日報や朝鮮日報などで働いていて、言論弾圧で解雇された人たちが作ったリベラルな新聞です。彼がテッサ先生と同じ質問をしたのは、自分も同じような体験があるからだ、ということでした。独裁政権の時代、韓国では報道の自由がなかった。そのときに、ある影響力のあるインテリが投獄された。ところが自分たちは言論の自由がなかったから書けなかった。恥ずかしかったが、朝日新聞のソウル支局に行って、朝日新聞の特派員に書いてもらうように頼んだ、という内容の話をしてくださいました。朝日なら書いてくれるだろうという期待があったのです（後で調べたら記事は出ていました）。韓国で朝日新聞はリベラルの象徴なのに、その朝日がなんで朝日や植村がバッシングされた問題で闘えないんだ、と言われました。じつはこのことは、いろんな方から聞かれます。ただ、複合的な問題がいろいろあって、なかなか難しい面もあると思っています。

たとえば、「吉田調書」の報道取り消し(6)、あるいは池上彰さんのコラムを一時的に掲載しなかったこと(7)、などに対する激しいバッシングもありましたし、吉田清治の証言の取り消し(8)も影響したと思います。二〇一四年、私に対する激しいバッシングの波が押し寄せてきたとき、朝日新聞は「慰安婦問題」検証特集を八月に掲載して、私の記事に関しては「事実のねじ曲げはない」と捏造疑惑を否定しました。それでも週刊誌は「捏造」と書き続けるわけです。朝日新聞は二回ほど、「捏造報道に抗議」という小さな記事を出しましたが、そうした抗議の記事が継続することはありませんでした。吉田清治証言の取り消しに際して謝罪がなかったことなどで朝日に対するバッシングがさらに強まり、抗議の声は潰えてしまいました。結局私は、一人で闘わなければならない、と思うようになりました。

朝日の萎縮と沈黙

植村　複合的な問題がありはしたものの、朝日新聞には抵抗精神、闘い続ける精神が足りなかった面があったのではないか、という気がしています。僕らは民主主義社会にいて、言論は自由だと言いますけれども、いざ圧力がかかったり逆境に立たされたときに、それでも自由な報道を続けていくタフさが欠けていたのではないか。朝日新聞はエリートたちが作る新聞だと思います。そうしたエリートの強みもありますけれども、今回の「慰安婦」報道に関しては、エリートの弱い面が出てしまったように思います。私自身もそこで生まれて、その弱さも持っていると思いますが、非常に残念です。

もう一つ、非常に大きな問題は、週刊誌やインターネットが中心だった朝日新聞バッシングに、一般紙である産経新聞と読売新聞が便乗し、大々的に朝日バッシングを展開したことです。これはおそらく、きわめてめずらしいことと思います。世界的に見ても、一般紙が他の一般紙をバッシングすることはあまりないと思いますが、産経と読売はここぞとばかりに朝日をたたいた。朝日は反撃するのではなく、萎縮し沈黙してしまった。その背景には部数をめぐる競争もあったかもしれませんが、とても残念です。

朝日新聞は、過去の「慰安婦」問題に関する記事をきちんと検証してから、前に進もうとしたのだと思います。前に進もうというのは、「慰安婦」問題にきちんと向き合っていこうということで、そのために二〇一四年八月の特集を掲載したと思いますが、やり方がまずかったため、逆にバッシングされる結果になってしまった、ということだと思います。

過去と現在をつなぐ像

玄　コメントありがとうございます。少女像の形象がどのような政治的・歴史的意味を持つかについて、本日は詳しくお話ししませんでした。ご指摘のとおり日本大使館前の少女像には、設置までの経緯を簡略に記してあるだけです。それ以上の詳しい説明はありません。製作者本人たちが、それぞれのパーツがどのような意味を持っているのか語ってはいますが、基本的にそれを見る人たちそれぞれが、この少女像に対してさまざまな解釈をしているのではないかと思います。
ご質問に対しての答えになるかわかりませんが、そこに行った人たちには、像をなでたり、あるいはマフラーをかけたり、冬は服を着せたりと、実際のおばあさんたちと接するかのような行動がよく見られます。

置き手紙があったりもします。訪れた人たちは椅子に座って、日本大使館を見つめる「少女」の気持ちになることができるのです。このように韓国の人々にとっては、少女像が一つの人格を帯びたものとして、おばあさんと同等に扱われるような存在になっているのでしょう。

影に関しては製作者も語っていますが、少女の影がおばあさんになっています。それは過去と現在、あるいは生と死をつなぐような意味を持っていると考えられます。その生と死は、少女がおばあさんになるまでの忍苦の歳月でもあれば、生き抜くことができず現地で命を落とした無念でもありましょう。金学順さんをモデルにした像もあるのですが、その影が少女のかたちになっています。日本大使館前の像と基本的には同じコンセプトですが、過去と現在、生と死をつなぐ像と影の連続と断絶は、少女像が喚起するものの中でも大きな意味を持っているのではないかと思います。

テッサ　ありがとうございます。とてもすばらしい答えだと思います。玄先生にもう一つ聞きたかったことがあります。日本には、「慰安婦」像、あるいは「慰安婦」を記念する碑はないのですか。なければ、作るのは可能だと思いますか。

玄　少女像はないのですが、記念碑は一カ所、宮古島にアリランの碑というのがあります。ただ、少女像に関しては、製作者たちが来日したときに、「これを見て「慰安婦」問題について議論をしてほしい」ということで、帰る際に少女像の模型を置いていったのですが、それの引き取り手がいなくて困っている、という話を聞いております。と言っても、やはり当然ながら、「慰安婦」像――それは少女像であったり記念碑であったりするかもしれません――が日本の中にもあるべきではないかと私は思っております。

韓国における記憶の継承

植村　記憶の継承ということで言えば、韓国では、若者たちの間で記憶が継承されているように思います。日韓合意のあと、少女像が撤去されないように、若者たちが像のまわりで座り込んで守っています。撤去に反対する声が非常に多い。韓国ギャラップの二〇一六年世論調査によれば、少女像移転に反対と答えたのは全体では七二パーセント、一九〜二九歳に限れば八五パーセントにのぼります。大学生たちの大多数が像の移転に反対です。その記憶の継承は、小学生も少女像を訪ねてきていることからも見てとることができると思います。

ところが日本の若い世代の多くは、日韓合意や「慰安婦」問題にあまり関心がないように見受けられます。河野談話に基づいて、日本でこそ記憶の継承・研究がなされねばならないのに、この落差は、今後若い世代が東アジアの平和を担っていくときに、私はすごく心配です。

先ほど玄先生が言ったように、本来ならば日本に「慰安婦」を語り継ぐ像や碑があってもよいのではないでしょうか。だからこそ、私はさらなる歴史研究が重要だと思うし、教育の中で記憶を継承していくことが必要だと思います。

和解への誤解

玄　大学生たちが少女像を守る活動をしているということは、韓国の学生運動史上――これを学生運動と言ってよいのかわかりませんけれども――非常に画期的なことです。韓国の学生が、日本の歴史問題をターゲットにした行動を、これほどまでに激烈に、あるいは長期にわたり展開したことは、日韓条約反対運動をのぞくと、おそらくこれまでなかったでしょう。韓国は歴史問題が好きだから、と思われるかもしれませんが、そうではなくて、昨今の歴史問題の推移が、あまりにも被害者を無視するような方向に進んでいる、その反発として起こっていることだと考えなければなりません。もう一つは、韓国において歴史問題はやはり重要視されているのですが、そのターゲットは必ずしも植民地支配の歴史だけではないのです。韓国には、朝鮮戦争、南北分断の中で、あるいは冷戦的な国際政治の中で、多くの人々が人権を蹂躙され、反共主義の犠牲になってきた現実があります。民主化以降、それを掘り起こして、名誉回復、あるいは人権回復の取り組みがいまでもなされています。つまり韓国における過去の清算、過去の克服というものは、日本だけを見ているのではない。韓国国内の独裁政権にも向けられている。このように考える必要があるのではないかと思います。

テッサ　植村先生の河野談話に関する話に私はすごく共感します。河野談話は重要なもので、とくに教育のなかで記憶の継承に取り組んでいくことは非常に大切であると思います。今回の日韓合意で私がいちばん違和感を持つのは、「慰安婦」問題の「最終的かつ不可逆的な解決」というところです。ニュアンスとしては、すでに和解が成立していますから、これからこの問題に関しては話さない、ということですね。しかしそこには、和解に関する根本的な誤解があるのではないかと思います。「和解が成立したから忘れる」のではなくて、「和解が成立したから、新しく、それに関する意見交換ができる」ということになるはずだと思います。

植村　二〇一六年に出版された『海を渡る「慰安婦」問題』（岩波書店）にテッサ先生の論文があります。非常にすばらしい論文なので、ぜひみなさんも読んでいただきたいと思いますが、その中に、まさにいまのお話が出てきます。河野談話を否定しようとする人々の言動を検証すると、過去の不正義を支えた差別と排除の構造が、現在の日本社会にいまだ色濃く存在しているように見えてくる、という話なのです。

「不可逆的な解決」とは、単に過去を解決したからもう蒸し返すなということではなくて、きちんと反省すべき過去が解決されていないにもかかわらず、お金を払うから一切もう何も蒸し返すべきではない、ということではないでしょうか。これは非常におかしいと思います。一番の問題は、河野談話バッシング、植村バッシングの背景にある、日本の中の排外主義、アジア人に対する蔑視だと思います。これは乗り越えていかなければならない課題です。そういう意味でも、この河野談話の精神は堅持されなければならないと思います。日韓合意の中にも、河野談話のような表現がたくさんあります。しかし、肝心の記憶の継承という部分がまったく抜け落ちているのです。

日韓合意を越えて

司会（水溜） ここで私の方から、少し問題提起をさせていただきます。先ほど日韓合意の問題点が話題になりました。玄先生の趣旨説明（本書「あとがき」参照）の中でも、日韓合意は「慰安婦」問題の忘却を推し進めるものだ、というご指摘がありました。その際、次の二点が問題とされていたように思います。

一点は、国家間による政治決着だという点です。本来は、平和を実現する主体は市民であって、国家とイコールではないはずですが、そのような市民、東アジアの民衆が置き去りにされているという問題。もう一点は、日本と韓国の二国間の合意であるという点です。先ほどのテッサ先生のご講演にもありましたように、「慰安婦」にされた女性の出身地は、朝鮮半島だけではなく、中国・台湾・東南アジア全域、そして日本にも及んでいます。けれども日韓合意では、韓国人の犠牲者の存在しか考慮されていません。さらに「慰安婦」問題は、戦時性暴力の問題全般につながる問題ですが、そういったことも視野に入っていません。

以上の点を踏まえて、第一に、「慰安婦」問題を国家主体ではなく、市民が主体となって解決していくためには、今後どういう取り組みが必要なのか、第二に、「慰安婦」問題をよりトランスナショナルな、あるいはグローバルな視点からとらえなおしていくことに、どのような意味や可能性があるのか、という問題について考えてみたいと思います。ちょっと大きな問題になりますが。

玄　論点を整理していただいて、質問の的もしぼっていただきました。簡略に申し上げたいと思います。東アジアの民衆というのは、結局は戦争の被害者になる。それを強いたのは国家であるのに、その国家が、戦争被害受忍論——つまり戦時の非常事態における国民の犠牲と被害は仕方ないものだという立場から結局は補償しない、責任をとらない、という構造——がまずあります。そこで和解ということが、二国の国家権力同士の、今日の国際情勢で言うと日米韓の三角同盟を実質化していくための、口実に使われているのではないでしょうか。

しかし本来、和解とは、平和を追求していくための個別的・民衆的な、被害者の目線で実現されるべきものであって、そうした市民の力が逆に、国家権力の暴走を防ぐ地盤になるはずです。そこを国家権力の都合で決着してしまうのは非常に問題があると思います。

ではどうしたらよいのか。和解の主体は国家ではなく、民衆・市民同士でなければならない、ということなのですが、なかなかそれはむずかしい。しかし私は逆に、歴史認識をめぐって争う日韓の関係を元に、「受忍論」に対抗する連帯の地平を開き、行き詰まった日韓関係をこじあけていく方法があってもよいのではないかと思っております。

しかしだからと言って、和解と友好の日韓関係をないがしろにしようというわけではありません。こうした国家を軸にする対立関係を超えて、市民の交流は十分にできるはずです。非常にむずかしい道のりではありますが、歴史問題をもって権力に圧力をかけていきながら、市民間の交流活動はさまざまなルートを通じて活発にしていく。そういうことを模索していかなければならないと思っています。そのためには、日本で真摯に歴史と向き合うことはもちろんですが、韓国においても、被害者としての道徳的優位性に依拠する「優越主義」から脱却して、国と闘う日本の戦争被害者に寄りそうことが必要です。

グローバルなつながりへ

テッサ　そうですね、いまの二つのご質問は非常に根本的な質問だと思います。最初の質問のお答えとしては、二〇一五年の日韓合意は国家間の合意でありますから、確かにそれだけでは不十分だと思います。国家間の合意にも、国家からの謝罪や賠償が必要だと思います。しかしそれだけでも問題は解決しないと思います。同時に草の根レベル、市民レベルの動きがないと、うまくいかないと思います。

また、この問題は日本と韓国だけの問題ではありませんから、二国間の合意には限界があることも確かです。国家間の合意や謝罪にはもちろん意味がありますが、今回の合意は、韓国政府も日本政府も、被害者の声を聞くという意味ではまったく不十分だったと思います。ですから今後については、この問題をさらに国際的な問題としていく上で、何かの糸口があるかもしれないと思います。

日本でも韓国でも、この問題に関して非常に長い間がんばっている草の根運動があります。尊敬すべき市民運動ですが、しかしかかわってきた人たちの多くは、長い間の努力がこういう状況になって、おそらくかなり疲れているのではないかと思います。東南アジアの国々の人々、場合によってはオーストラリア、イギリス、アメリカの人々も、この問題を国際的な場面で取り上げると、それは日韓、あるいは日本とほかのアジアの国々との草の根レベルのつながりの一つの糸口になるのではないかと思います。

植村　日韓合意は被害者の意見聴取も行わないで国家間で進められたわけです。そして日本政府が一〇億円を拠出するということで財団ができて、これから「慰安婦」の方々への対応をすると言いました。それに反発した韓国の市民たちが民間レベルで財団を作り（正義記憶財団）、労働組合・大学生たちがカンパをして寄付金が集まっています。被害者へはいままでもいろいろな社会保障がなされてきましたが、それとは別に、自分たちが元「慰安婦」のために何かしようという動きが出てきた。つまり、国家間で元「慰安婦」被害者の頭ごなしにやるのではなくて、元「慰安婦」の方々と一緒に財団を作ろうということで市民が動いています。

こうした市民の動きを日本に伝えることで、日本で市民運動をやってきた人々とつながって解決を模索することが考えられると思います。

また、先ほどから何度も言われているように、日韓だけの「慰安婦」問題ではもちろんありません。朝鮮半島で言えば、北朝鮮にももちろん「慰安婦」の方がいまして、証言された時期もありました。いまはそれどころではない状況ということもありますが、朝鮮半島を取り巻く情勢が好転し、いずれ北朝鮮と国交正常化交渉が始まるというときに、では北朝鮮との過去の清算はどうなるのか、という問題が出てくると思います。そしてその他の国――台湾・フィリピン・中国からは、なぜいま韓国だけとの合意なのか、という声があると思います。日本政府はこれを幕引きと考えているのかもしれませんが、この機会は、問題解決のための一つの契機と考えていいと思います。解決への新たな契機、始まりなのではないかと私は思っております。

玄　「女性のためのアジア平和国民基金」（アジア女性基金）による支援金（「償い金」）受け取りについて、日本の法的責任を追及してきた韓国は――台湾などほかの国でも拒否した人がいましたけれども――、最も強烈に拒否し、抵抗してきました。なので、韓国を落とせば「慰安婦」問題に終止符が打てるという、そういう考えをおそらく日本政府は持っていたのではないでしょうか。

ここで考えるべきは、日本と韓国の二国間関係だけでなく、東南アジアを含むさまざまな人々と連帯していく必要性です。それはもちろん、これまでの韓国の役割を過小評価するものではありません。韓国には、これまで闘ってきた運動、あるいは調査・研究の蓄積があります。歴史の和解へ向けた一つの方式として、日本との関係というよりも、韓国国内での人権蹂躙の真実を明らかにする歴史検証が、独裁政権に対するさまざまな真実究明委員会を通して、国の責任を問い続けてきたという面もあります。今後は、韓国側がこれまで担ってきた経験をグローバルな人権問題に広げるかたちで貢献する、そういう役割を果たしていかなければならないと思っています。

日韓以外の取り組み

司会（水溜）　どうもありがとうございました。先ほどテッサ先生から、日本や韓国の市民運動の中には、長い間「慰安婦」問題に取り組んできたグループがあるけれども、思うような成果が出ずに疲れてきているのではないか、ほかの国々の運動体とつないでいくことに意味があるのではないか、というご指摘がありました。今日のご講演やご発表は、主に韓国や日本の状況に焦点が当てられていたように思いますが、日本と韓国以外の国々は、「慰安婦」問題をどのように見ているのでしょうか。また、「慰安婦」問題をめぐってどのような取り組みがあるのでしょうか。たとえば、テッサ先生のお住まいのオーストラリアや植村先生がご講演に行かれたアメリカではどのような状況でしょうか。

植村　アメリカに行ったときは、大学生や大学院生、あるいは研究者の方々が集まって、英語と日本語で討論しました。私が日本語で話して、それを通訳してもらいました。プリンストン大学では日本語だけで話しましたが。いちばん印象的だったのは、「植村先生、女性の人権のために闘ってくれてありがとう」といった、大学一、二年生たちの非常に素朴な感想でした。「慰安婦」問題やそれをめぐる私へのバッシングがあまり知られていなかったこともあると思いますが、そういう事実を知れば、やはり関心を持ってくれると実感しました。

日本の歴史修正主義者が騒げば騒ぐほど、そして外国へ発信すればするほど、その主張がゆがんでいることが国際的に認識され、ますます「慰安婦」問題への関心が高まる、という側面があると思います。我々も、さまざまな国に、この話を伝えていかなければならないと思いました。私の記事が香港の新聞にも出たことがありまして、勉強をかねて中国でも話ができればと思ったりもしています。ほかの国との交流も広げていきたいと思っています。

テッサ　たぶんさまざまな国の中では、小規模でありながら重要な運動があると思います。台湾人の「慰安婦」問題を取り上げる草の根グループはいくつかあると思います。またフィリピンにも長い間裁判で闘った女性たちがいます。結局その裁判は棄却されましたが、その女性たちと一緒に闘っている弁護士たちなどがずっとがんばっています。また、最近はミャンマーも政治状況が変わってきて比較的言論の自由が広がっています。そのなかで、ミャンマーに戦時中存在していた慰安所を調べたいという人々が少し増えているようです。

オーストラリアの場合には、かなり長い間、元「慰安婦」たちを支援しているグループがあります。支援グループができた一つのきっかけは、植村先生が紹介していたドキュメンタリー「終わらない戦争」に出ていたジャン・ラフ・オハーンという方です。彼女は元オランダ人で、強制的に慰安所に連れて行かれました。彼女はその後、オーストラリアに移住し、長い間、南オーストラリアに住んでいます。その彼女を支援する運動があります。玄先生が紹介しましたが、二〇一六年にはシドニーの教会の敷地内に、少女像が設置されました。

そうしたさまざまな国の運動の連帯を強めることが重要です。もう一つ付け加えると、日本の中で、日本人元「慰安婦」の歴史を記憶することが重要ではないかと思います。そうでなければ、いつも日本の議論の中では、「慰安婦」の歴史は韓国人女性の問題になってしまいます。しかし、そうではないんです。日本人の女性たちもまた、そのために大きな苦難を経験したと思います。その記憶を継承することも、とても重要ではないかと思います。

（二〇一六年一〇月一日、北海道大学文系総合教育研究棟にて）

注

（1）'You Don't Want to Know About the Girls? The 'Comfort Women', the Japanese Military and Allied Forces in the Asia-Pacific War,' The Asia-Pacific Journal: Japan Focus, vol. 13, no. 31, 2015.
（2）本書収録講演の元論文「アジア太平洋戦争における日本軍と連合国軍の「慰安婦」」は浜井祐三子編『想起と忘却のかたち――記憶のメディア文化研究』（三元社、二〇一七年）に収録。
（3）鄭栄桓『忘却のための「和解」――『帝国の慰安婦』と日本の責任』（世織書房、二〇一六年）、前田朗編『「慰安婦」問題の現在――「朴裕河現象」と知識人』（三一書房、二〇一六年）。
（4）玄武岩『「反日」と「嫌韓」の同時代史――ナショナリズムの境界を越えて』（勉誠出版、二〇一六年）、三九九～四〇三頁。
（5）James E. Young, "The Texture of Memory: Holocaust Memorials and Meaning", Yale University Press, 1994.
（6）二〇一四年九月一一日、朝日新聞は東京電力福島第一原子力発電所の吉田昌郎所長の発言を記録した政府事故調の資料「吉田調書」に関する報道を誤報と認め、記事を取り消した。
（7）二〇一四年八月、池上彰氏が朝日新聞の連載コラム原稿で朝日の慰安婦検証記事を批判したところ、朝日が掲載を拒否。池上氏が連載中止を申し入れた。
（8）本書七一頁参照。

あとがき

日韓両政府は二〇一五年一二月二八日、両国最大の懸案である「慰安婦」問題を決着させることで合意しました。そこには、韓国政府は、ソウルの「日本大使館前の少女像に対し（中略）可能な対応方向について関連団体との協議を行う等を通じて、適切に解決されるよう努力する」（外務省「日韓両外相共同記者発表」）、つまり「慰安婦」少女像を撤去する、ということが盛り込まれていました。

一方で、「日韓両政府が協力し、全ての元慰安婦の方々の名誉と尊厳の回復、心の傷の癒やしのための事業を行う」とし、日本政府が資金を拠出し、韓国政府が元「慰安婦」の支援を目的とした財団を設立するとされ、二〇一六年七月一八日に「和解・癒やし財団」が設立されました。翌月、少女像は移転されていない状況でしたが、日本政府は一〇億円を拠出しました。しかし、当事者の声を無視して出された「日韓合意」への反発は、いまなお、おさまりそうにもありません。

和解とは、東アジアの民衆が過去の戦争と向き合い、平和を追求する連帯と互恵の基盤の上で実現される事柄であって、国家権力の暴走を防ぐためにあるはずです。戦争犠牲者の訴えを国家権力同士の政治決着によって最終的、不可逆的に封じ込めようとするのはナンセンスとしか言いようがありません。

「慰安婦」の問題は、日韓の歴史問題として、記憶をめぐる闘争の最前線におかれながら、日米韓の軍事的な擬似三角同盟の実質化のための国際情勢に呑み込まれてきた現状があります。それによって、「慰安婦」問題は歴史問題だけにおさまらない、新たな展開を突きつけられています。

安倍政権は憲法解釈の変更を閣議決定して、米国の東アジア政策に積極的にコミットし、それを通して、米国から、自らの歴史認識のお墨付きを得ようとしています。こうした動きに対して、「慰安婦」問題を軸にした、国際的な研究者の連帯が浮上しています。

「慰安婦」問題は日韓の歴史問題ではありますが、植民地主義、女性の人権、戦時性暴力の問題でもあり、これまでにも国際的な取り組みが行われてきました。それを日韓両政府は、二〇一五年の日韓合意を梃子にして、「慰安婦」問題そのものを、「最終的かつ不可逆的に」処理しようとしています。韓国以外の被害者を排除するこの日韓合意に対して、フィリピン、東ティモール、台湾などの「慰安婦」被害者たちが反発するのは当然のことでしょう。「慰安婦」問題の当事者国である東アジア、東南アジアの国々の市民社会と連帯し、この問題のあり方を模索する必要性が、今日ますます高まってきています。

こうしたトランスナショナルなパースペクティブを通して、「慰安婦」問題を単なる日韓間の歴史認識の問題ではなく、現在も緊急を要する戦時下の性暴力被害や女性の尊厳といった普遍的な領域にまで押し広げ、国際的な連帯へとつなげることで、問題解決の糸口を探ることができるのではないかと思います。

「慰安婦」少女像は日韓合意以降、釜山の日本総領事館前にも建てられ日本政府が反発しました。米国でも、アトランタに近いジョージア州ブルックヘブンの公園内に新たに設置されました。混迷をきわめる「慰安婦」問題について、日韓合意が忘却に向けて推し進める状況に対抗しつつ、どのように向き合っていくことができるのか。この問いが、我々に突きつけられているのではないでしょうか。こうした入り組んだ状況を、本書を通して、多少なりともときほぐしていくことができれば、幸いです。

本書は、北海道大学大学院メディア・コミュニケーション研究院が、同大学の外国人招へい教員として来日していたオーストラリア国立大学のテッサ・モーリス－スズキ教授を迎えて、二〇一六年一〇月一日に北海道大学にて開催したシンポジウム〈「慰安婦」と記憶の政治〉の記録に、加筆修正したものです。同シンポジウムには、本書の著者三人のほか、同大学大学院文学研究科の水溜真由美准教授が登壇し、司会を務めていただきました。この場を借りてお礼を申し上げます。元「慰安婦」の方々の絵画作品の掲載を許諾していただいたナヌムの家「日本軍「慰安婦」歴史館」にも感謝の意を表します。

本書出版にあたり、編集者の中野葉子さんには大変お世話になりました。シンポジウム記録の文字おこしなど手間のかかる作業をいとわず、企画から校正にいたるまで労をとっていただいた中野さん、そして出版を引き受けてくださった寿郎社の土肥寿郎さんに、心からお礼を申し上げます。

二〇一七年六月三〇日　玄 武岩

テッサ・モーリス-スズキ
1951年イギリスサリー州ケーターハム生まれ。オーストラリア研究会議特別フェロー、オーストラリア国立大学特別栄誉教授。著書に『辺境から眺める——アイヌが経験する近代』(みすず書房、2000年)、『北朝鮮へのエクソダス——「帰国事業」の影をたどる』(朝日文庫、2011年)、『批判的想像力のために——グローバル化時代の日本』(平凡社ライブラリー、2013年)、『過去は死なない——メディア・記憶・歴史』(岩波現代文庫、2014年)、共著に『天皇とアメリカ』(集英社新書、2010年)、『海を渡る「慰安婦」問題——右派の「歴史戦」を問う』(岩波書店、2016年)他多数。

玄 武岩(ヒョン・ムアン)
1969年生まれ、韓国済州島出身。北海道大学大学院メディア・コミュニケーション研究院准教授。著書に『韓国のデジタル・デモクラシー』(集英社新書、2005年)、『統一コリア——東アジアの新秩序を展望する』(光文社新書、2007年)、『コリアン・ネットワーク——メディア・移動の歴史と空間』(北海道大学出版会、2013年)、『「反日」と「嫌韓」の同時代史　——ナショナリズムの境界を越えて』(勉誠出版、2016年)、共著に『興亡の世界史18——大日本・満州帝国の遺産』(講談社、2010年)、『サハリン残留——日韓ロ百年にわたる家族の物語』(高文研、2016年)など。

植村 隆(うえむら・たかし)
1958年高知県生まれ。元朝日新聞記者、韓国カトリック大学客員教授。2014年3月朝日新聞社を早期退職、2010年4月早稲田大学大学院アジア太平洋研究科(博士後期課程)入学。2012年4月より16年3月まで北星学園大学非常勤講師。著書に『真実——私は「捏造記者」ではない』(岩波書店、2016年)、共著に『マンガ韓国現代史——コバウおじさんの50年』(角川ソフィア文庫、2003年)、『新聞と戦争　上下』(朝日文庫、2011年)。

＊写真提供
写真1：Australian War Memorial, photographic collection, AWM, 120082 (photographer K. B. Davis).
写真2：Australian War Memorial, photographic collection, AWM, PO2919.039 (Donor R. Fullford).
表紙・裏表紙・写真3〜11：玄武岩撮影
写真12〜15：ナヌムの家「日本軍「慰安婦」歴史館」

＊「アジア太平洋戦争における日本軍と連合国軍の「慰安婦」」と「「想起の空間」としての「慰安婦」少女像」の論文版は浜井祐三子編『想起と忘却のかたち——記憶のメディア文化研究』(三元社、2017年)に収録された。

寿郎社ブックレット３

「慰安婦《いあんふ》」問題《もんだい》の境界《きょうかい》を越《こ》えて

連合国軍兵士《れんごうこくぐんへいし》が見《み》た戦時性暴力《せんじせいぼうりょく》、各地《かくち》にできた〈少女像《しょうじょぞう》〉、

朝日新聞《あさひしんぶん》と植村元記者《うえむらもときしゃ》へのバッシングについて

発　行　2017年7月31日初版第1刷

著　者　テッサ・モーリス-スズキ　玄 武岩　植村 隆

発行者　土肥寿郎

発行所　有限会社 寿郎社
〒060-0807　札幌市北区北7条西2丁目37山京ビル
電話 011-708-8565　FAX 011-708-8566
e-mail doi@jurousha.com　URL http://www.jurousha.com

編　集　中野葉子

印刷・製本　モリモト印刷株式会社

ISBN 978-4-909281-03-6　C0036